小微企业经营笔记

找对人　做对事　走对路

叶铁桥 ◎ 著

清华大学出版社
北京

本书封面贴有清华大学出版社防伪标签，无标签者不得销售。

版权所有，侵权必究。举报：010-62782989，beiqinquan@tup.tsinghua.edu.cn。

图书在版编目（CIP）数据

小微企业经营笔记：找对人、做对事、走对路 / 叶铁桥著．—北京：清华大学出版社，2024.3（2024.6重印）
 ISBN 978-7-302-65579-4

Ⅰ.①小… Ⅱ.①叶… Ⅲ.①中小企业－企业经营管理 Ⅳ.① F276.3
中国国家版本馆 CIP 数据核字 (2024) 第 045850 号

责任编辑：宋冬雪
封面设计：青牛文化
责任校对：王荣静
责任印制：刘 菲

出版发行：清华大学出版社
　　　　　　　网　　　址：https://www.tup.com.cn，https://www.wqxuetang.com
　　　　　　　地　　　址：北京清华大学学研大厦 A 座　　邮　　编：100084
　　　　　　　社 总 机：010-83470000　　邮　　购：010-62786544
　　　　　　　投稿与读者服务：010-62776969，c-service@tup.tsinghua.edu.cn
　　　　　　　质 量 反 馈：010-62772015，zhiliang@tup.tsinghua.edu.cn
印 装 者：三河市人民印务有限公司
经　　销：全国新华书店
开　　本：148mm×210mm　　**印　　张**：7.25　　**字　　数**：147 千字
版　　次：2024 年 3 月第 1 版　　**印　　次**：2024 年 6 月第 6 次印刷
定　　价：68.00 元

产品编号：104564-01

推荐序

只要平凡

关于创业的书籍汗牛充栋,它们乐于讲述如何构建宏大的愿景,精益的管理,卓越的领导力,以及强悍的执行力,总之,这都是为"做大做强"而准备的药方——毕竟,如果不是为了创造一家可以"改变世界"的公司,故事就显得不够"性感"。

今天影响世界的那些企业巨兽,特斯拉、亚马逊、苹果、微软、脸书或者阿里巴巴、腾讯、百度,哪一家不曾经历过从"小微"孕育、孵化到破壳而出的过程?创业者热衷于研究、转述它们的故事,实际是一种心理投射:王侯将相,宁有种乎。

在这种关于创业的英雄叙事背后,其实还隐藏着一种基数更大,但更容易被忽略的凡人叙事,即大量的小微创业者。关于中国小微创业者的数量,有不同的统计口径,所公认的是他们所占比例非常之高。到 2023 年年中,中国市场主体数量已经突破 1.6 亿,其中主体构成就是中小微企业,而且民营经济与中小微企业互为主体,民营企业中九成以上是中小微企业,而中小微企业中九成以上是民营企业。数据显示,它们为国家贡献了 50% 的税收、60% 以上的国内生产总值、70% 以上的技术创新、80% 以上的城镇劳动就业。它们是中国经济真正的蚂蚁雄兵,一个残酷的现实是,它们中的 99% 将在其整个生命周期中保持"小微"的身份,不可能成为大企业,甚至求"中"而不得。它们所要解决的首要问题,不是改变世界,不是做大做强,而是活下去,下个月能交得起房租,发得了工资。对它们而言,现有的创业培训课程和书籍虽然也有通用性,但又不够落地,甚至可以说,这些课程和书籍所提供的价值更多是在鸡汤和打鸡血的层面。

  铁桥的这本书尝试开辟一个新的品类,为小微创业者而作。他自己经营小微企业 8 年,平时善于思考和积累,形成了大量的笔记,如今将这些笔记系统整理,形成自己的体系化思考。我很喜欢他在书中提出的一些问题:给员工支付行业最高薪酬,让员工决定自己休假的时长,给员工提供高额住房贷款,这些方法,小微企业学得来吗?找合伙人要找蔡崇信那样的,找员工就得找张一鸣这样的,做产品就得瞄准千亿市场,谈增长动辄十倍起,论格局自然是马云,说远见还是任正非,这样的星辰大海,靠近得了吗?

近二十年来，我的工作就是观察企业、走访企业，其中大多数都是头部企业，但与头部企业接触越多，我越是感觉当下流行的创业方法论对小微企业而言适配性不够。小微企业的生存与发展逻辑，有三点独特性。

首先，用人逻辑不同，创业的第一课往往就是找合伙人，但小微企业并不一定都需要合伙人，或者换个角度说，即使需要，也很难找到合适且能长期合作的合伙人。原因很简单，要吸引有能力的合伙人，要么靠未来的预期，要么靠现实的回报，如果两者都欠缺，合伙人要么自立门户，要么另投他门。不用说合伙人，对多数小微企业而言，连高级员工都不需要，老板必须是六边形战士，既是最大的销售，又是最重要的工人，既要懂财务，又要懂研发。

其次，资本逻辑不同，小微企业融资难的问题由来已久，这也是一个世界性难题，金融资源亦遵循二八原则，大部分资源都流向了少数大企业。小微企业通过传统金融机构贷款手续复杂、成本高，贷款期限短且额度有限。风险投资则因为其预期回报限制，小微企业基本不在投资机构的视野之内，因此小微企业高度重视现金流和成本控制，需要时刻关注组合式减税降费的新政策，关注面向小微企业的现金流管理工具。港交所前行政总裁李小加所创立的滴灌通，在 2023 年 10 月曾引发争议，就是因为其号称用"非股非债"的新型投资模式来解决小微企业的融资难题，反对者则认为其本质上是高利贷，犹如升级版 P2P（点对点网络借款)。真相到底是怎样的值得探讨,可围绕小微企业的金融创新将一直存在,因为需求是刚性的。

最后,愿景不同。有一个听起来很热血的故事,两个人都在工地上干活,路人问他们在做什么,一个人老老实实地说在搬砖,另一个人则自豪地说,自己在建一座雄伟的大教堂。我们鼓励那些从一块砖中能看到教堂的人,愿意与这样的人同行,但现实是,绝大多数小微企业的宿命就是做好搬砖者。它们的生命脆弱如芦苇,可能丢一个大单,流失一个大客户,一笔款晚到一个月,就会行走到崩溃的边缘。因此,它们的容错率很低,判断抉择需要极为慎重,心中如果总挂着教堂的蓝图,可能连眼前的猪圈也盖不好。这听起来有些悲哀,似乎对小微企业而言,满纸写得都是"认命"两个字,不需要考虑诗与远方,只需要过好眼前的苟且,但只有真正认清了现实,才是对创业食物链下游的公司真正的尊重,才能更理解那些最终杀出血路,能够IPO(首次公开募股)或者成长为大公司的创业者经历过何等的艰辛。

除了"做大"或者"做死",小微企业是否有其他"小而美"的中间路径呢?我们经常提到的是日本提供个性化产品、有匠人精神的百年老店,以及德国的隐形冠军公司,在一个利基市场扎深扎透。近年来,中国也提出了"专精特新"的概念,为创新能力突出、掌握核心技术的小企业提供了更清晰的上升通道,同时鼓励链主企业发挥更好的扶持作用。这并非铁桥此书的重点,这是一本写给普通创业者的作品,翻开书稿,我耳边如同响起《我不是药神》的主题曲《只要平凡》的旋律：跌入灰暗坠入深渊，沾满泥土的脸，没有神的光环，握紧手中的平凡。

何伊凡

《中国企业家》杂志副总编辑

2023 年 12 月

前言

1

关注大企业经营的书籍车载斗量，关注小微企业经营的却不多。

这不应被视为理所当然，因为，大企业虽然耀眼，数量却并不多，千万家小微企业才是蚂蚁雄兵。

随便翻起一本谈企业经营的书，举的例子都是全球或全国知名的明星公司。但是，仅就中国来看，又有多少家明星企业呢？国家市场监督管理总局数据显示，截至2022年6月底，全国登记在册的市场主体1.61亿个，其中企业主体5038.9万个，个体工商户10794.1万个。

如果不算个体工商户，只算企业，那么，5038.9万个企业主体中，真正可以称得上全国知名的明星公司的，不会超过1000家，也就说，比例不会超过1/50000。

按照市场普遍认可的成功的标准——上市来看，截止到 2021 年 8 月 30 日，我国的上市公司一共 4455 家。也就是说，只有不到万分之一的公司是上市公司。

5038.9 万个企业主体中，绝大部分是小微企业。对小微企业的经营者来说，以明星公司的案例作为参考，有一定价值，但价值可能有限。

经营一家成千上万人的企业，跟经营一家几十上百人的企业完全不同，就像打仗时指挥一支成千上万人的军队，与指挥一支几十上百人的军队完全是两码事一样。

在创业前期，我看过大量写大企业经营管理的书籍，里面介绍的办法都特别好，也都想学，但后来一想，能学得了吗？比如，有的公司为了保证人才密度，"给员工支付行业最高薪资"；有的公司休不休假，由员工自己说了算；有的公司为了留住员工，给员工提供高额住房贷款，甚至拿地给员工盖廉租房……这些对小微企业来说，可能实现吗？

大多数谈企业经营的书籍给人的感觉是：找合伙人就得找蔡崇信那样的；找员工就得找张一鸣那样的；做产品就得瞄准千百亿市场；谈增长动辄"10 倍"起；说创新必提苹果；讲第二曲线则奈飞当仁不让；论格局少不了马云；谈视野绕不开马斯克；说远见那还得是任正非……

而对于小微企业经营者来说，除了能对那些著名企业和企业家们"心向往之"，实际收获的参考价值却非常小。虽然说不想当元帅的士兵不是好士兵,但概率上,想当元帅的士兵,能当上元帅的概率恐怕也要小于万分之一。对于当不上元帅的士兵而言,怎么当个好兵,以后再当好一个班长、排长、连长,更现实也更重要。

绝大部分小微企业经营者不可能成为马云、马化腾、任正非,绝大多数小微企业也不可能长成阿里、腾讯、华为。很可能终其生命周期,都会是小微企业,这才是最现实的常态。它们就像这个社会中的芸芸众生一样,是这个市场里最常见的企业主体。芸芸众企们唯有立足自身,从实际出发,尽力做好自己,这才是最现实也是最坚实的路径。

跟大企业比,小微企业的经营管理逻辑完全不一样。我经营小微企业8年,一路走来,体会颇深。在经营过程中,我喜欢把遇到的问题和困难、探索的心得和思考记录下来。8年之后,我对这些笔记做了系统的整理,一方面是想把经验沉淀下来,另一方面,也是希望能够跟外界交流,激发更多的思考和探讨。

2

可能有人要说了,"井蛙不可语海",小微企业就那么点人,还需要专门谈经营吗?

答案是毋庸置疑的。只要是企业,就必然涉及经营管理。小微企业有员工、有客户、有产品、有计划、有流程……所有这些都需要经营管理。

斯蒂芬·罗宾斯等在《组织行为学》里写道:"管理上的好坏之分是赢利和亏损的差别,最终则是生存和倒闭的差别。"

在某种程度上,小微企业更需要有经营管理。大企业腾挪闪转的空间大,小微企业却容易"贫贱夫妻百事哀"。跟大企业比,小微企业在很多方面都要更难——战略、品牌、招人、留人、经营、培训……抗风险能力也更差,几乎很少有容错空间。可能一次失误,就会葬送整个公司。大企业经常死于"安乐",小微企业则容易死于"忧患"。有人更通俗地归纳说:小公司是难为死的,大公司则是舒服死的。

小微企业的老板,大多数是第一次创业。他们就像一个不会游泳的人,突然被一把推到了大海里,新手当然更容易呛水,我认识的小微企业经营者,几乎全都被经营管理问题困扰过,他们要么内心焦虑、愁眉不展,要么辗转反侧、难以入眠。为合伙人闹分手、重要员工离职而食不甘味;为公司乱成一团麻而着急上火;为员工人心涣散而忧心忡忡;为业务遭遇波折而意志消沉。更别提当公司面临危机,资金链濒临断裂乃至可能破产时,那种被命运扼住喉咙带来的无力感和绝望感了。

公司做大了,各种人才会蜂拥而至,企业经营管理可以升级换代,但小微企业不行,只能靠创始人自己在黑暗中摸索。正因为小微企业容错率低,经营者又缺乏专门的经营管理帮手,所以更需要不断学习和成长,以保持公司的竞争力。

有人会想,小微企业最大的优势是轻巧灵活、不拘一格,谈经营管理会不会让小微企业染上"大公司病"?

这是一种误解。谈经营管理,不是为了把公司管死,而是为了把公司"管活"。"大公司病"不是管理出来的,而是管理不善的结果。缺乏优良管理的小微企业,更容易患上"大公司病"。而经营管理优秀的小微企业,反而不存在太多管理的痕迹。小微企业的管理就像人们对空气质量的感受一样,质量为优时,我们可能关注不到,但当空气中充满污染物时,每个身处其中的人都会备受其扰,甚至唯恐避之不及。

尤其在逆周期中,小微企业如果依然保持粗放经营的状态,可能连活下去都很难。经济下行的时候,大公司都卷得要死,小微企业只会更卷。如果经营者依然认为小微企业不需要向管理要效益,那可能真的就哪里都没有效益了。

要注意的是,经营管理并没有一成不变的模板,可以放之四海而皆准,传之万世而不悖,它需要结合每一家公司的特点,因地制宜、因时制宜地采用不同的理念和方法。作为一名管理者,绝不能"本本主义"和"教条主义"。娴熟的经营管理者,会打造出一个足够多元的"工具箱",根据特定的场景和需要,随时掏出最合适的工具来使用。

现代管理学之父德鲁克说:"管理一家企业绝非单凭直觉或天赋就能胜任。管理的要素是可以进行分析的,是能够予以系统性地组织的,是能够被任何具有正常天资的人学会的。"小微企业的经营者,首先要摒弃掉没有什么可学的、光靠自己摸索就能学会的错误想法，而是要把经营管理视作一门必修课，不断学习、钻研和借鉴，不断磨炼自己的技巧，最终才能做到"运用之妙，存乎一心"。

3

那有没有便捷的路径，能够让小微企业经营者实现善治？

有！多年的经验总结下来，我觉得可以用9个字来概括，就是"找对人，做对事，走对路"。

"找对人"。一个好汉三个帮，一个人的企业可能是个体户，两个人的企业可能是夫妻店，三个人的企业可能就需要招员工了。小微企业麻雀虽小五脏俱全，需要找产品、找销售、找财务、找行政、找运营、找设计……全是不一样的人。人找对了，事就顺了。人不对，麻烦一堆。怎么找人，怎么找对人，这里面可能踩的坑简直太多了。

找完人之后，还涉及如何育人、用人、留人、提拔人，乃至批评人、处分人、辞退人，等等，每个环节都很棘手。有了人之后，如何让整个团队有效运转起来，甚至能像一支配合完美的交响乐队一样各司其职、各美其美，就更是难上加难了。

"做对事"。"做事"分为宏观、中观、微观三个层面，宏观是定位和愿景、使命、价值观，"名不正则言不顺，言不顺则事不成"，越虚的东西往往越实在。中观，则是建章立制，并梳理出一整套适合公司管理的"成文法"。微观，则会渗透到日常的细节中，需要通过"望闻问切"进行诊断并对症下药。

这就像建房子，宏观是做规划设计，房子建在哪里，建成什么风格，这是基础。中观则是搭框架，柱子怎么立，房梁怎么搭，这关系到房子整体怎么立起来。微观则是做装修，装修能最终展现房子的质量和品质，既涉及下水道等隐蔽工程，也涉及目力所及的表面工程，所以更注重细节，需要一点点打磨和完善。

"走对路"。这个指向小微企业经营者本身。小微企业的经营管理者是公司的核心竞争力，经营者本人如果认知老化、意识落后，就没法长远经营企业，只有不断拓展视野，刷新认知，形成对经营管理的正确理解，并且根据社会环境的变化不断打磨锻造，才有可能让企业活得尽量久。

有很多小微企业败就败在经营者自己身上，经营者出事，企业也就完蛋了。很多大企业即使经营者出了状况，也还有其他经理人顶着。所以，"走对路"对小微企业经营者来说，尤其重要。

这9个字虽然看起来简单，但内涵极为深邃，要做到更是不容易。我在不断梳理、总结和沉淀的过程中，虽然每进一寸都有欢喜，却也感觉到，不同的阶段去看这9个字，总有"今是而昨非"之感，这其实是因为在不同阶段，我对这9个字的理解的层次和境界都在发生变化。

值得一提的是，在创业之前，我做过8年的深度调查记者，见证过不少人和事的沉浮。这些人，有的做企业，有的在体制内机构任职，作为调查记者，我通常不是去调查他们是怎么成功的，而总是去调查他们是怎么失败的。我发现,不论是企业家、社会成功人士还是官员,他们的败,本质上都离不开"找错人、做错事、走错路"这三点。

做的这些报道,更让我明白,做失败很容易,做成功却很难,即使是经营一家小微企业,也需要有正确的方法论,才能走在正确的道路上。

4

对于企业来说,小不是过错,也不是原罪。

小微企业的经营者必须要有这个意识——虽然做大是大多数人的梦想,但不是谁都能做大。

这句话看起来很简单,也很好理解,但我认识的不少小微企业经营者,却都在这上面摔过跟头。有些小微企业经营者一看形势不错,就开始激进扩张,几年折腾下来,不但元气大伤,而且把年景好时凭运气挣到的钱,又凭"实力"给折腾了出去。

不能正确认识自身及团队的能力和市场空间,只是盲目地贪大慕强,即使长成"泥腿巨人",也必然会轰然倒地。

与之相反的是,我认识的另一些只有几个人的小微企业,年收入很高,有经营者甚至不无自豪地说:"我们才3个人,但利润比一些上市公司都要高。"

公司能不能、要不要做大,跟所在的行业、所拥有的资源、所具备的能力都紧密相关。如果行业有瓶颈,做大了反而会"大而不当",那就应该坦然做一家小微企业。

小并不代表不好,小微企业轻巧灵活,尤其在逆周期里,做一家小微企业,进可攻,退可守。船大难转身,船小好掉头。小有小的好处。

现实中,有那么多人愿意"逆行",从大企业跳槽到小微企业,也是因为小微企业没有像大企业那样把员工当"螺丝钉"和"工具人",能给他们更多空间和自由,也能让他们收获生活与工作的平衡。

有人喜欢拿小微企业平均寿命短说事,我们要看到,大企业平均寿命是更长,但自工业革命以来,科技的进步在持续加速,导致基业长青变得越来越难。即使经营上没问题,企业也时刻面临着产品、服务和组织周期性升级换代的压力。在生存考验上,大企业面临的压力一点也不比小微企业少。

小微企业也并不像外界认为的那么缺乏生命力,美国经济学家布鲁斯·基尔霍夫的研究发现,在美国,只有18%的小微企业会在前8年失败,而之所以在常见的统计中失败率偏高,是因为没有考虑到一些情况,比如,小微企业所有者离开了原有的企业,创建了新企业。布鲁斯·基尔霍夫认为,实际上小微企业的失败率要比传统报告中显示的数据低得多。就我了解,中国的情况也是如此,有些人是连续创业者,不做这家公司,不代表就不做公司了。

所以,小微企业只要经营得好,也能创造出非同一般的价值。

对于小微企业经营者来说，不断深化自己的经营管理理念，磨砺自己的经营技巧，不断精进，能做大就做大，不能做大就做强做美，不也挺好的吗？

5

写作本书，虽然主要基于我 8 年来的经营笔记，但其中也有不少启发和思考，来自外界的师友。

2010 年，我参加了清华大学经济管理学院的媒体班培训项目，对我来说那是一次思维上的启蒙。在这次培训项目上，我亲耳聆听了李稻葵、宁向东等知名教授的分享，既有醍醐灌顶的快感，又在智识上感觉别开生面，打开了另一番天地。

这个项目的效果强大到在培训项目结束后，班上的 60 名同学中大约有 1/3 的人从原来供职的单位离开，要么去了大互联网公司，要么开始了自己的创业之路。

从那时候起，我开始系统地学习企业经营管理，了解中国的商业史。一路走来，阅读过的经管类图书不下百种。

2016 年，按捺不住好奇心，我从之前供职的中央媒体离职，创办了新媒体品牌"刺猬公社"。与此同时，我的很多同事和朋友也先后开始了创业的旅程，像"新世相"创始人张伟、"新榜"创始人徐达内、"无忧传媒"创始人雷彬艺等。在平时的交流中，我也从他们那里获得了很多思考。

2020 年，我又参加了长江商学院的"融媒创新领军者"项目，聆听了欧阳辉、李伟等多位知名教授的深度分享，更重要的是，这个班上的同学之间关系紧密，沟通频繁，其中有很多知名创业者——罗振宇、樊登、马东、刘洪涛、赵何娟、李海波……我也经常能从他们身上收获很多启发。

就上述这些师友带来的启发，我在此深表感谢。

创业维艰，有邻则不孤。在创业旅途中，"豹变"创始人刘炳路、"北京大妈有话说"创始人边长勇、"视知TV"创始人马昌博、《中国企业家》杂志副总编辑何伊凡，都是我相濡以沫、守望相助的好朋友、好兄弟。特别是炳路和长勇，我们长期在一个园区办公，几乎每周都会有餐叙，互相鼓劲打气，探讨经营和管理的方法，是彼此强有力的支撑。创业历程中，还能收获这样的兄弟情，也是我人生一大幸事。

本书的很多观点和思考，还来源于我跟团队伙伴共同工作过程中的沟通和互动，没有他们，我也很难不断进化自己的思路，其中，尤其是石灿、刘一凡、凌婷、高鑫、陈祎等，他们既是公司的骨干成员，也为公司的管理和发展贡献了很多创见，本书的不少案例和观点就是跟他们互动的结果。这些年，很多其他成员也提供了一些很好的建议，囿于篇幅就不一一列举了。可以说这本书在某种程度上，是共创的结果，也凝聚了我8年来经营管理及带团队的经验，所以，我相信是能够给大家带来一些启发的。

如果你已经创办了企业，相信在阅读过程中一定能找到共鸣点，尤其面临相似的问题时，一定会好奇各自的解法是什么。如果你正想要创办企业,那么,这本书里所记录的经验和教训,可以帮你避掉创业路上的一些"坑"。

哪怕你只是经营一家小店,只有两三个员工,我相信这本书对你也是适用的。

如果你并没有创办企业,而是一个小团队的领导者,那这本书也能带给你收获。因为本质上,带团队也是一种经营管理。

同样写给小微企业经营者的图书《重来》中写道:"小微企业并不只是一块跳板,小微企业本身就是一个伟大的目标。""不要因为瞄准小微企业就觉得缺乏安全感。无论是谁,只要他所运营的公司能够持续发展、保持赢利,不管规模大小,都是值得骄傲的。"诚哉斯言。

期待每个小微企业的经营者,都能通过优秀的经营和管理,赢得自己的骄傲。

目录

找对人

01 不一定需要合伙人　_003
02 什么员工不能招？　_010
03 不要想着去改变一名员工　_019
04 如何选拔中坚层员工　_024
05 员工被提拔后的常见问题　_031
06 如何对中层放权和监督　_036
07 批评优秀员工要有策略　_041
08 如何处分员工？　_048
09 如何与新世代员工共舞　_053
10 沟通要"入耳、入脑、入心"　_057
11 不要把员工离职全视为失败　_064
12 没有组织力的团队只能叫团伙　_070

做对事

13　先定好位，再开始做事　_079
14　厘清愿景、使命和价值观　_085
15　先追求成为正常的公司　_091
16　每家小微企业，都该有本员工手册　_095
17　管理理念来源于危机　_101
18　一对一会议和参与式决策　_105
19　凡事预则立，不预则废　_113
20　盯紧产品、服务和现金流　_117
21　再难也得做绩效评估　_122
22　变革可能会死，不变革一定会死　_127
23　如何面对逆周期　_132
24　不要既降薪又裁员　_138
25　运转良好时，不要过度管理　_143

走对路

26 以平常心对待创业 _149

27 最大收益是自主权和学习机会 _153

28 尽量不融资，也不盲目扩张 _156

29 不要过分关注需求、战略和竞争对手 _160

30 不要高估自己的管理能力 _164

31 品性是管理者的根本 _169

32 要想改变别人，先改变自己 _174

33 如何打开格局 _180

34 无事如有事，有事如无事 _185

35 为情绪压力寻找支撑 _190

36 公司声誉，也是老板的声誉 _194

37 保护好家庭 _198

后记 _203

参考书目 _208

找对人

01

不一定需要合伙人

小微企业不是个体户，除了老板，还得有其他成员。对于企业来说，人永远是最重要的，一旦公司开始筹备，创始人就得花大力气去找人。

企业需要的人分为不同层次和工种。从层次上看，小微企业在初创阶段，层级比较简单，一般只有管理层和普通员工两级，配置比较完善的，可能也会设立中间层。

既然有层级，就会有从高往低找还是从低往高找的区别。

从高往低找，和从低往高找，都很正常，没有什么好坏之分。找到了将才，再定队伍，顺理成章。问题是将才比普通员工更难找，公司起步后，时间耽误不起，往往是先找到普通员工，再慢慢确定将才。但找将才肯定比找普通员工对公司的整体影响更大。

从高往低找，一般都会先找合伙人。刚创业的时候，我的一个认知是，连合伙人都没有，还叫创业吗？但几年之后，一个危机让我开始反思：为什么一定要有合伙人？

有合伙人难道还有什么坏处？确实有，而且不少。

坏处一：小微企业创始人大多是第一次创业，合伙人也很可能是第一次做合伙人，大家都不成熟，也是临时搭起的班子。夫妻搭伙过日子，一开始都免不了磕磕碰碰，合伙做企业更是如此，何况合伙关系的契约稳定性还不如婚姻。在中国，离婚可能没那么常见，但合伙人离开的情况屡见不鲜。

我知道的小微企业中，有两个合伙人的，闹分家的比例不会低于50%；有三四个合伙人的，至少一个合伙人离开的比例几乎是100%。这种离开，往往都发生在企业初创后的两三年内，而合伙人的离开，也往往会对公司的业务、团队的稳定性造成重大影响。

坏处二：创业初期，正是需要一鼓作气打开局面的时候，有合伙人的公司，如果创始人做不到一言九鼎，势必就会各有想法，在初创阶段，民主集中制确实不见得是最好的管理方法。因为，对商业机会的洞察，就像真理一样，往往掌握在少数人手中，而初创公司中最具商业洞察力的往往就是创始人。这个时候，创始人如果缺乏气魄，为了表现得有格局，温良恭俭让，事事征求意见，决断不干脆、不果决，可能很快就会让公司陷入温吞的状态，从而失去战斗力，错失打响品牌的窗口期。

坏处三：小微企业人数少，管理半径小，很多小微企业一共才几个或十几个人，如果还有合伙人，甚至不止一两个合伙人，人均管理的人数会少得可怜。创始人做个决定，得多头沟通，甚至动不动还涉及跨部门协调。没有大公司的体量，却先染上了"大公司病"。小微企业体量小、决策快、行动敏捷的优势一点都发挥不出来，反而容易产生内耗。

坏处四：一个特别现实的情况是，合伙人通常也是公司成本最高的团队成员。小微企业的利润规模和利润率能不能容许存在那么多高成本成员，这个也需要算算账。

所以，合伙人对于小微企业来说，并不是"必需品"，而是"珍稀品"。如果你能找到特别能干，能独当一面，稳定性也好，还能跟你形成互补，又能跟你一条心的合伙人，就要好好珍惜。如果你对合伙人特别依赖，但因为某些原因他要离开，你甚至觉得天都要塌下来了，其实没必要，因为这不见得是件坏事，反倒有可能孕育出新的机会来。

俗话说："一鲸落，万物生。"一个合伙人的离开，也许正是锻炼人才的好机会，让梯队成员上升并承担重任，得到锻炼，公司反而可能会迎来新的机遇。

我在创业过程当中，曾招募过三个合伙人，都先后离职而去。到了第三个合伙人离职时，我的情绪分外低落，甚至产生了要不要把公司关张的想法。

但痛定思痛后，我明白了一个道理——小微企业不见得需要合伙人。

上面说到的有合伙人的坏处，对于小微企业来说是真实存在的。既然如此，我们为什么不尊重这个事实呢？第三个合伙人离职以后，我对她的工作做了分解。她负责的主要是两大业务：一块是对外，主攻商务和销售；另一块是主内，负责财务和人事。经过内部挖掘盘点，我发现，她的下属中，负责商务开拓的那名员工，虽然刚毕业不久，但悟性很好，拓展和学习能力也很强，可以承接商务工作；而负责财务的那位同事，有很强的专业背景，又在审计师事务所历练过两年，为人也很靠谱，工作更是积极主动。就这样，我把原来由这个合伙人主管的工作，分配给了这两个人。结果，她们的表现远远超出了我的预期，各自把工作做得非常漂亮，而且，当年公司的营收增长，以及治理的有效性，都创造了前所未有的佳绩。

那这是不是意味着合伙人没有价值呢？肯定不是。我得出的结论是，创始人如果对合伙人不满意，那问题很可能出在创始人身上。作为创始人，首先要有识人之能，其次要能够"人尽其才"，最后要能够"才尽其用"。

合伙人身居高位，收入也是团队中比较高的，就必须创造出跟其职位、身价相匹配的业绩。创始人也有必要克服"心魔"，敢对合伙人提要求甚至意见，引导、鼓励甚至督促合伙人创造出价值来。

跟很多人想象的不一样，相当一部分合伙人的离职，缘于其发现自己的价值没法得到最大程度的实现，他会怀疑自己对这个团队"到底有没有用","能不能创造出价值来"。一般来说,一个人能做到合伙人,能力都不会差,也多对自我要求比较高,他们不会容忍自己尸位素餐,内心很期待能给团队创造出相应的价值来。所以问题的关键还是在于创始人懂不懂用人,能不能让团队成员获得自我满足感,哪怕是合伙人,创始人也有责任帮助他们尽量发挥出最大的潜力,实现最大的自我价值。

整体来说,小微企业囿于成长性,如果有合伙人,也必须做好可能是阶段性合伙的心理准备。

如果确实需要合伙人,从哪里找比较合适呢?根据我的经验,常见的是"三同":同窗、同事、同乡。

其中,最常见的是同窗。BAT(百度、阿里、腾讯)三大互联网巨头,都有浓厚的同窗因素。新东方"三驾马车"中,俞敏洪找来的另外"两驾马车"——徐小平和王强,都是他大学同班同学;美团、字节跳动的几位主要创始人,也都是大学同学;被阿里收购的饿了么的创始团队成员,也都是大学同班同学。

为什么大学同学比较适合当合伙人?原因不难理解,年龄相仿,成熟度也差不多,大学朝夕相处三四年,对彼此的脾气、品性、能力都了如指掌,知根知底,默契度很高。由大学同学合伙的创业团队,成功的案例很多,甚至比亲兄弟组成的创业团队更有效,因为后者往往可以共患难,富贵了却容易"兄弟阋于墙",而大学同学在创业初期账就算得比较清楚,遗留到后面的隐患也会比较少。

由同事合伙创办的公司也不少，比如联想，就是柳传志跟他在中科院的同事一起创办的；三一重工的 4 个最早的合伙人，都是一个机械厂的同事；CFP 视觉中国，最早也是由在中国青年报社工作的两位记者柴继军和李学凌创办的。我知道的新媒体行业的创业公司，不少都是由原来在媒体行业一起共事的同事创办的。

由同乡合伙创办的公司，古代更多一些，比如晋商、徽商的时代，就靠老乡的传帮带。现在社会流动性大了，"同乡"的概念正在变弱，但仍有不少人因为是老乡的关系，成了合伙人。

如果在自己的社交网络地图里，找遍同窗、同事、同乡，也没有合适的人选，其他还有哪些路径呢？要知道，合伙人是很难通过招聘找到的，即使是招聘来的员工最后晋升为合伙人，往往也需要经历一个比较长的历练过程。

如果是在公司的筹备阶段需要确立合伙人，还可以有这样一个思路——寻找"落难的王子或公主"。有些人因为种种原因从大企业出来了。他们既然能进入大企业，说明经过了重重筛选，能力有一定的保证。在大企业工作过，经过了很好的训练，这样在公司初创的阶段，就能带来有用的经验。再加上在大企业待过，通常视野比较宽广，待人接物也会更加社会化。从他们中找合伙人，成功的概率会比较大。

要注意的是，"落难的王子或公主"毕竟还是"王子"和"公主"，在招募他们时，得有"三顾茅庐"的精神才行。

但也不能就因此迷信从大企业里出来的人，如果公司做的是新业务，但候选人供职过的大企业业务形态比较传统，那么候选人就有可能会跟不上新公司的业务和组织思路。

另外，从大企业出来的人，如果并没有做好足够的心理准备，加入创业公司只是想尝试一下，一旦经历波折，可能就会开始怀念大企业稳定的收入和全面的保障，也就很难做到全力以赴了。

还有一点需要注意的是，从大企业出来的人，如果没有认识到创业公司对人才素质的要求跟大企业完全不一样，还是习惯性用在大企业工作的方法，那么就很容易会眼高手低、水土不服。

既要有创业热情、有能力，还要接地气、扛摔打，找合伙人就是这样，比找对象还要难！但从另一个角度来说，如果不难，创业还会维艰吗？岂不是人人都能很顺利地创业了？

02

什么员工不能招？

小微企业招普通员工，要求比大企业低吗？

我觉得并不尽然，恰恰相反，初创企业对员工在某些素质方面的要求，其实是要高过大企业的。进入大企业，可以做一些非常细分领域的工作（"大厂"员工常自嘲为"螺丝钉"），但小微企业对员工的能力要求往往更有侧重性。

小微企业招人，难就难在没有雇主品牌，只能从市场里找"资浅者"，面对的候选人群，要么是刚出校门初入社会的应届毕业生，要么是高不成低不就的职场边缘人。

"三个臭皮匠，顶得上一个诸葛亮"，初创企业要品牌没品牌，要薪资竞争力没薪资竞争力，可不可以干脆就在候选人中挑选几个不错的得了，总比当光杆司令强？

如果你是没有什么经验的创业者，这种思路非常对，但用无妨。因为在创业初期，一穷二白，要钱没钱，要人没人，但事总得往前推进。况且，招人、用人都需要积累经验，对于绝大多数创业者来说，如果一开始并无吸引优秀人才的能力，又要坚持高标准，可能永远都招不到人。解决问题的路径应该是，先招到人，在业务开展过程中搞清楚下一步需要什么样的人，以及应该如何吸引人和用人。

有些小微企业的初创者总觉得初始团队很重要，所以要求特别高，他们也非常信奉张一鸣、雷军的找人办法。张一鸣曾说："这周面了十几个人终于确定一个实习生。最近一个多月可能面试了50多人，总共只有2个非常有意向的人选，其中失败一个，一个还在谈。"雷军则表示："有一个理想人选，一个星期谈五次，每次平均10个小时，前后谈了3个月，一共谈了十七八次，最后一刻，这个人对于股份无所谓，我还是比较失望，发现他没有创业精神，不是那种我想要的人。"小微企业的创始人如果把他们的话奉为圭臬，认知就容易错位。首先我们要认识到，自己并不是张一鸣和雷军，张一鸣和雷军在创办字节跳动和小米之前，就已经是很成功的创业者了；其次，我们自己做的也不一定是像个性化推荐和智能手机这么复杂的创业，对人才的要求并没有那么高。

可见大企业的经营管理的方法，用到小微企业上并不好使。有人可能要反驳了，字节跳动和小米刚创办的时候也很小，但要知道它们当初虽然小，瞄准的却是百亿级千亿级市场，成长的可能性很大。所以绝大多数小微企业的创业者，必须认清自己的定位，如果并没有长大的可能和计划，盲目模仿只会误入歧途。

苏格拉底和弟子们做过一个试验，对小微企业如何招人很有启发。

苏格拉底带领几个弟子来到一块麦地边，对弟子们说："你们要去地里挑一个最大的麦穗，只许进不许退，我在麦地的尽头等你们。"弟子们走进麦地，有的埋头向前走，看看这一株，摇摇头；看看那一株，又摇摇头，走到头仍然两手空空。有的试着摘了几穗，但并不满意，便随手扔掉了。

苏格拉底对弟子们说："这块麦地里肯定有一穗是最大的，但你们未必能碰见它；即使碰见了，也未必能做出准确的判断。因此最大的一穗就是你们刚刚摘下的。"

所以，我不建议创业一开始就要组建多豪华的团队，而是应该尽快试错。而且，即使组建了很豪华的初创团队，你要想，你做的事情有那么大吗？你自己的能力、认知、视野能够让团队"人尽其才、才尽其用"吗？如果不能的话，即使招募来了，他们后面大概率也会相继离去。

我有个朋友，早在2016年就开始了短视频创业，他认为，唯有招募到市场上最好的视频编导和摄像，保证足够高的人才密度，才有可能获得成功。为此，他开出高薪，费了九牛二虎之力去挖最好的人才，当年就亏损了好几百万元。接下来的市场走势大家都知道了，2016年后抖音、快手迅速崛起，没有任何经验的素人视频创作者如过江之鲫般涌出，而坚持以高成本生产高品质视频的团队却节节败退，这个朋友用高薪招募来的人才，很快也纷纷出走了。

小微企业就是千万个市场主体中的一员，既不见得需要明星团队，也大概率没有爆发式增长的前景，但是，这不代表不能创造出属于自己的价值。创业者从一开始就该认清自己的创业，这非常重要。

有人要问了，都说一流团队很重要，难道是一种偏见？当然不是。一流团队虽然很难在一开始就组建起来，但创始人心中必须要把组建一流团队当作自己的目标。

必须要厘清的一个误区是，一流团队并非要由一流人才组成。像阿里巴巴早期的"十八罗汉""阿里铁军"，是不是一流团队？肯定是。里面的个体是不是都是一流人才？恐怕绝大部分都不是，他们也只是普通人，但普通人也能组合成一流团队。

那什么样的员工适合小微企业呢？几年下来，我发现小微企业主要招聘的是两种人。

第一种，应届毕业生，从头开始培养。

这个不奇怪，小微企业本就是应届毕业生的第一大就业出口。数据显示，在美国，大约80%的美国人都是在小微企业找到了第一份工作。

对于应届毕业生，我们主要通过见习计划来招聘，也就是说，所有愿意加入我们团队的应届毕业生，都必须进行为期3个月的到岗见习。到岗前，先告知见习期的考核标准和要求，并且每个月进行评估。见习期结束后，经过考核达标的，才正式发放offer（录用通知书）。

"见习制度"的好处在于，一方面，可以对候选人进行全方位考察，而不只是光凭学历和成绩做出判断。事实也证明，光凭学历和成绩做判断，选错人的概率会很大。见习生的淘汰机制，也能保证选到契合度更高、能力更强、潜力更大的好苗子。另一方面，见习就相当于岗前培训的前置，这样可以确保应届毕业生到岗之前就做到初步熟悉公司环境、制度及文化，并且有了一定的技能储备，上手会更快。

第二种，有一定工作经验，但工作经验并不丰富的年轻人。这也是由我们所从事的新媒体领域的行业特性决定的，这个行业的从业者的一个重要特征就是年轻，对新事物有兴趣，敢于尝鲜。

同时，几百次面试下来，我的公司的管理层也慢慢形成了一些共识，比如，哪些人不能招。

第一，从传统机构里出来的不招。原本我们以为，由传统媒体到新媒体，都是做信息采集和加工生产，可以做到无缝对接，再加上这些人的技能在传统媒体得到了基本训练，能更快适应新媒体工作。结果我们招过不下 10 个来自传统媒体的候选人，无一成功，原因就在于，这些候选人在传统媒体工作过，思维理念、行为方式会受到影响，要转换过来，候选人很痛苦，我们也很痛苦。

第二，自驱力低的不招。整体职场环境的发展，越来越趋向于自组织和自管理，所以需要自驱力强的员工。有人把员工分为"自燃型""易燃型""绝燃型"三类，所有管理者都希望能找到"自燃型"和"易燃型"的候选人。现在技术发展日新月异，学习能力必不可少。如果不能做到高自我要求，并且拥有开放的心态，就很难跟得上时代前进的脚步。

第三，心智不成熟的不招。在面试中，我们经常会发现，有些候选人，哪怕有非常好的教育背景，但心智却不见得成熟，甚至表现得像个"巨婴"一般。他们喜欢抱怨，归因简单，缺乏逻辑，对社会的认知浅薄，心态上也很不平衡。斯蒂芬·罗宾斯在《组织行为学》中写道："为了营造积极的职场环境，最好的方式是招收那些心态积极的员工，并训练领导者管理他们的心境、工作态度和表现。"心态不积极、心智不成熟的员工，会让整个团队都深受其害。我深以为然。

做过的招聘多了，我们也慢慢形成了团队所需成员的画像：自驱力强、心智成熟、心态开放。如果哪个候选人在这几点上有明显缺陷，一般就不予考虑。根据这些关键词，再按图索骥，招聘的成功率会大大上升。这就像迪士尼乐园和环球影城，里面的员工几乎都是年轻的、活泼的、热情的、清爽的，每个人脸上都带着灿烂的笑容，这一定是根据招聘画像筛选的结果。如果只靠后期的培训，是不太可能让一个不爱笑的人每天脸上都洋溢着笑容的。

但有再多的招聘经验，招聘流程再完善，也很难保证百分之百成功，总会有看走眼的时候。比如，原以为自我驱动性强的，结果表现平平；原以为性格开放的，却发现只是面试中的刻意为之。而且有时候我们越是寄予期待，结果可能越不理想。有没有办法让招聘的成功率再提升一点呢？

有。我的经验是，在考察一个候选人时，一定需要有一轮面试考察其性格特质。业务能力相对好考察，但这只是呈现在外的应用程序，性格特质才是这个人的底层操作系统，面试要想挖到根儿上去，就要考察其性格。

如何考察？很简单，直接问。我在面试中就很少问业务问题，一般会直接问："你认为自己最显著的三个性格特征是什么？"如果对方回答"进取心不够"，基本上我就不会考虑了。如果对方回答"进取心强"，我就会让他举例来说明，为什么认为自己进取心强，再考察他举的例子是否有说服力。

接下来，我也会让候选人阐述自己有什么不足，并且会根据情况详细追问。为了进一步加深了解，我会让候选人列举自己欣赏的人，说明欣赏这些人的哪些特质。我还会让他们评估自己的努力和上进程度，以及在原来的团队里，自认为属于哪个级别的人才。

在面试过程中，如果你对候选者有什么担忧，一定不要放过去。往往你担忧什么，最后都会变成现实。墨菲定律总在发挥着作用，如果事情有变坏的可能，不管这种可能性有多小，总会发生。所以，对于你担忧的，要详细地加以询问。如果自己没法排除，也可以留下面试记录，交给后面的面试官重点考察。事实证明，后面这个候选人招聘进来，一旦出现什么情况，总能在面试记录中得到印证。

这样下来，基本上能做到保证候选人是合格的。至于是不是一流人才，不一定。按照"二八定律"，是普通成员的可能性很大。但就像前面说的，既然基础素质有保证，就有成为人才的基础。成了你的团队成员，你就有责任去培养他、提升他、成就他，争取让愿意付出努力的人尽快成为更好的人才，同时创造条件让有资质的人成为更好的人才，你的团队也将因为他们的成长而受益。

小微企业处于初创阶段，往往需要让员工身兼数职。这个时候就会出现一个问题，身兼数职的话，应该以哪个为主？

比如财务岗位，小微企业因为业务量不多，财务往往会外包给记账公司或交给兼职人员做，这样可能会给公司带来风险，因为如果记账公司或兼职财务不懂公司业务，在做账的过程中容易出现许多错漏。尤其如果公司创始人是个新手，又不太懂财务报表，就更要命了，他不但没法对公司的业务和经营情况有清晰的判断，也很难形成精准有效的决策。

反之，如果觉得员工工作量不饱和，可以考虑把财务和行政岗位合并。因为财务岗位专业度高，行政岗位专业度低，可以招聘一个专职财务人员，兼任行政工作。

我们公司原本财务是外包的，但有一个专职行政，不过其工作量也不饱和。我想把两个岗位合并，咨询的专业人士建议我从审计师事务所招聘人才，原因是审计师事务所的工作强度大，但做的财务工作相对单一。小微企业的财务工作比较全面，工作强度又没那么大，是他们愿意跳槽的去处。

我基于这个招聘思路开始寻找符合要求的候选人，但一连10多个都拒绝了我司的offer，最后招聘到的财务员工，是我司有史以来最成功的招聘之一。他一个人担负起了公司全部的财务和行政工作，后来还兼了人事工作。财务报表做得既清晰又专业，给公司的决策提供了非常强有力的支撑，行政和人事工作也认真负责，处理得井井有条。

小微企业虽然小，但要求人力资源高度集约化，我仍然主张专业的人做专业的事。如果岗位既有一定的专业性，工作量又不太饱和，就可以考虑以专业性强的岗位为基础，增加其他的工作，一方面不至于让员工无所事事，另一方面公司也能从其专业性上获益良多。

03

不要想着去改变一名员工

首先我想抛出一个观点，绝不要想着去改变一名员工。

作为员工，他成长了 20 多年才来到你的公司，如果一下子就被你改变了，岂不意味着他过去的 20 多年白过了？岂不也意味着"江山易改，本性难移"这句俗语不成立了？

那是不是一个人定了型，就没法做出改变了？也不是，只要不是怀着要改变一个人的想法，而是因势利导，通过公司的制度、文化、价值观、环境慢慢地去影响他，引导员工趋利避害，还是可以的。

《菜根谭》中说："善启迪人心者，当因其所明而渐通之，勿强开其所闭；善移风化者，当因其所易而渐及之，毋轻矫其所难。"说的正是这个道理。

既然改变一个人很难，我们就需要严把入口关，在招聘的时候，严格按照"员工画像"去精准招聘。招聘完成之后，如何让员工发挥出最大的潜力和价值，这主要取决于公司的制度和文化。

那么，如何让员工发挥出最大潜力和价值呢？关键是要寻找员工成长和公司发展的最大公约数。站在公司管理者的角度，对员工，要能够站在员工的立场上去看待其需求，深度思考其在公司的发展和成长前景；对公司，要以公司目标作为第一出发点，去寻找员工和公司能最大结合的地方。

员工的需求和公司的目标并不总是一致的，所以管理者不能只做讨好员工的老好人，也不能只站在公司立场上，不考虑员工的需求，而应该将两者结合起来，时而"金刚怒目"，时而"菩萨低眉"。

"金刚怒目"就是管理者要能够按照原则去管理，做到高标准、严要求。对员工放松要求，可能会让员工一时说好，但从长远来看，员工会怨恨你，因为你并没有帮助他提升对高标准、高品质工作的认知，而只是为了一时的"和谐"放低了要求。如果管理者高标准、严要求，他可能短时间内会感到不适，从长远来看，却能获得实实在在的成长，他也会因此而理解管理者，甚至感激管理者。

美团的联合创始人王慧文有过一句经典表述："有担当的管理者的一个重要的责任，就是把下属从愚昧之巅，推下绝望之谷。至于能否爬上开悟之坡，就看各人造化了。"

"金刚怒目"不是说要发脾气，在公司里大呼小叫，甚至雷霆震怒，恰恰相反，我主张"公开表扬，私下批评"。

有些人可能认为，公开批评能对其他团队员工起到警示作用，事实是，公开批评除了会搞坏整个团队的情绪和心态，不会带来任何有利的价值。不论一个人学历高低、收入多少，多少都好面子。如果公开批评指向某名员工，容易让这名员工在团队内部"边缘化"；反之，如果没有指向具体某名员工，大多数人都会认为是在批评自己。相反，"私下批评"，既保护了个体的公共声誉，又不会给团队带来负面情绪。

"私下批评"也需要技巧，这一点后面再补充。

"菩萨低眉"则是要管理者把员工放在心上，想他们之所想，急他们之所急。如果管理者能毫无保留地帮助员工，员工一定能感知得到。管理者不仅要关注员工的工作状况，还要关注他们的生活、兴趣，甚至他们的家庭。

有很多人认为，公私应该分开，工作就是工作，生活就是生活，没人想在职场上交朋友。但事实是，没有人会拒绝你真诚地对他好。对他好也不是为了交朋友，而是通过更多维的连接，增进彼此的了解和信任。我相信，如果一个管理者能记住他的员工是哪里出生的，在哪里长大，去哪里上的学，生日是什么时候，兴趣爱好是什么，家里养的是猫还是狗，等等，绝对不会给两人的关系带来障碍，相反能产生更多的交流话题。

小微企业在培养人的时候，要谨防一个误区，就是不做分工，让员工什么都去做。这样很容易走向一个极端——员工什么都知道一点，但什么也不精。即使公司规模再小，也应该做好相对明确的分工，这样有利于员工培养专业能力。小微企业是大部分人第一份工作的落脚点，如果不能培养其专业能力，那么他以后的职业道路就会缺乏坚实的基础。负责任的管理者应该着眼长远，帮助员工既能培养专业能力，也能拓宽行业视野。

如何让员工的成长更具可见度呢？我们公司的做法是为每一名员工建立"个人成长档案"，详细记录管理者从第一次面试到入职之后每次跟这名员工正式沟通的情况，并附上这名员工阶段性的工作总结，同时把管理者每次对这名员工考核的评价也记录下来。有了这样一份专属的成长档案，员工的成长轨迹会变得一目了然。

在进行新的正式沟通前，管理者可以翻阅前面的员工沟通记录。这些沟通记录可能是跟自己沟通的，也可能是跟其他管理者沟通的，这样就能保持信息的及时同步，不会出现不同的管理者给出不同的说法的情况。

在企业内部，经常会因为管理者之间存在信息差，导致内部评价、工作指示等方面的混乱，最终各行其是、政出多门。这些问题并不会因为你的企业是小微企业就不会出现。而且，在一条时间线上去看一名员工的成长，更能通过今昔对比看到他的变化。在这种以时间线为轴的个人档案中，管理者只需要对员工做纵向的比较，无须做横向的比较。

如果这名员工表现不佳，需要敲打，管理者就可以根据"个人成长档案"中他的业绩表现、阶段性目标的完成情况,精准地做出批评。因为批评是建立在事实基础上的,而且是在管理者只面向这名员工的环境中做出的,也更能达到"私下批评"的目的。

这种"私下批评",给批评者和被批评者带来的压力都会小很多。

04

如何选拔中坚层员工

公司运营一段时间后，人数达到一定的量级，接下来就会需要确立中层。

有人说，小微企业不就应该层级少、机制灵活、扁平化管理，为什么还需要设计不同的层级呢？小微企业当然需要敏捷灵活、管理扁平，但这跟设立中层并不冲突。

设立中层，最直接的原因是为了解决优秀员工的成长出路问题。人都是有成长需求的，如果员工表现优秀，却没有成长空间，他可能会觉得憋屈，甚至挂冠而去。

"宰相必起于州部，猛将必发于卒伍。"作为老板，应该随时从团队中发现优秀人才，并且给予合适的岗位予以锤炼，这样做的好处是多元的。

一是有利于公司的稳定。小微企业一般团队稳定性欠佳，发掘和拔擢人才，锤炼出一个比较强大的中坚层，就相当于建高楼大厦搭起了整体框架，稳固性会增强。老板不仅要能够选拔中层员工，还要把眼光放在下一个梯队的苗子上，创造锻炼的机会，从而让优秀人才能够接二连三地出来。

二是有利于增强战斗力。"火车跑得快，全靠车头带。"这句话放在蒸汽火车时代成立，放在高铁时代不成立，如果只靠火车头带，是做不到超高速的，现在的高铁由多节动力车厢和非动力车厢组成，一起发力，才有可能风驰电掣。老板能力再强，也需要强大的帮手。"二八定律"显示，优秀人才很快能创造出比普通员工高几倍的绩效。但如果公司为了扁平而扁平，不愿意拔擢将才，很可能导致组织整体上状态温吞。

三是有利于形成公平与公正的组织文化。公司创造了让优秀人才脱颖而出的体制机制，使得普通员工有机会冒出来，能让公司所有员工都看到机会和希望。另外，优秀人才除了承担重任，公司也要匹配相应的薪酬待遇，让他们得到公平的对待。

四是有利于提升公司的管理能力。优秀人才拔擢出来后，老板不能任其生长，还需要不断地训练和培养他们的管理能力。只有他们的管理能力得到了提升，整个公司的管理水平才会提升，绩效才会提高。

要注意的是，小微企业的中层，并不是"中间层"，而应该是"中坚层"。设立中层，并非只是为了解决优秀员工的成长出路问题，为表现优秀的员工赋予"官职"，被认为是"发福利"，恰恰相反，是要给优秀员工创造更大的舞台，让他们更加努力地发挥出自己的能力和价值。所以，这不是"福利"，而是考验。

那么，哪些人适合被提拔为中层呢？我觉得可以主要从两个维度进行考察。

第一个维度看"生态卡位"，也就是说，看处在公司什么岗位上。

比如，公司主要业务线上的带头人，肯定也会成为公司的中坚。主要业务线提供了公司的主要产品和服务，业务带头人相当于"生产部长"，重要性可想而知，而且这样的人往往还不止一个。

再比如，小微企业一般销售人员不多，那销售人员的负责人，很难不成为公司的中坚。

又比如，像我们公司，虽然有20多名员工，但财务行政人事极其有效地合并为一个岗位，由一人负责，她是公司信息的中心枢纽，员工的招聘、考勤、考核乃至薪酬标准，她都有一定的决定权和建议权，一定会是公司的中坚。

小微企业跟大企业不一样，大企业很可能部门人越多权力越大，小微企业则可能人越少权力越大。

但也不是说岗位人少就天然有权力属性，还得看重要性。如果是辅助性岗位，比如运营、设计，也许小微企业里这些岗位也是一个人，但因为这些岗位可替代性比较强，没法给公司创造不可替代的价值，也比较难成为中坚岗位。

这些岗位上的员工，如果要成为中坚，必须要让自己变得更重要，而不是让岗位变得更重要。比如，设计岗位的员工如果能给公司开创新的业务线，就能成为新的业务线的负责人，重要性肯定会大增；运营岗位上的员工，如果能通过运营驱动公司业务成长，重要性也会提升。小微企业就是这样，很公平，谁能给公司创造更大价值，谁就能脱颖而出。

前文提到，被提拔，不但不是"福利"，反而是考验和挑战。这是因为，首先，成了中层，身上肩负的责任和压力会变大；其次，"当领导"对一个新手来说，考验和挑战更大。

所以，在小微企业里，被提拔的中层到底要不要带团队，差别巨大。

如果是岗位只有一个人的公司中坚，那他只需要做好自己就行了，一个人就是一支军队。但如果要带团队，压力就不是翻倍，而是翻好几倍。

一旦带团队，这个中层身上的缺点会被立刻放大 10 倍以上，而优点则会被迅速遮蔽，压力也随之而来。这种压力，甚至能把一个人的信心完全摧毁。我提拔过十来名员工，大多数都需要带团队，我亲眼看到他们中的大部分人是如何被这种压力摧毁的。他们曾经几乎无一例外地都坐到过我面前，有的情绪低落，有的倍感无力，有的甚至泪洒当场，昔日表现优秀的他们，自信心仿佛被碾碎成渣，个人的工作乃至生活都因此深受影响。

有一名中层，曾经在别的公司待过，她带团队带得一筹莫展时向我诉苦说：以前自己当员工的时候，对领导特别不满，经常挑头"斗"领导，现在自己做了领导，碰到团队里的刺儿头，才明白自己做员工时有多混蛋，当领导有多么不易。

信心已经被摧毁的新任管理者，很少还能继续管理下去，他们往往会选择离职。给我留下的一大教训是，不是所有优秀的员工都适合被提拔做中层，如果把不适合带团队的优秀员工拔擢到中层岗位上，你不光会损失一名优秀员工，还会得到一个绩效糟糕的团队。

这种情况很常见，要不怎么说"千军易得一将难求"呢？由兵到将，绝不会一帆风顺，都会经历阵痛期。虽说不想当元帅的士兵不是好士兵，但绝大多数刚当上元帅的士兵，也一定不会是一个好元帅。因为要经历的考验和挑战实在太多，很多人不见得能通过考验。

彼得定律表明："在一个组织中，每个员工趋向于上升到他所不能胜任的职位。"既然每个人都会出现类似的情况，为什么不给优秀员工一个试错的机会呢？难道就因为怕失败，所以不敢尝试？

那有没有办法提高成功的概率？有。如果有选择余地的话，我认为，一定要让优秀员工中有管理特质的成员，来担负带团队的工作。

哪些性格特质契合领导岗位的需求？我主要看候选人性格是不是"有圆有方""刚柔并济"，就是说，"既好说话，又不好说话"。好说话，表现在沟通上；不好说话，表现在对工作的要求上。

现实生活中，很多人都有讨好型性格，容易做到"圆"，却不容易做到"方"；当然也有人"方"有余，而"圆"不足。性格中有"方"的一面，会更坚韧，在挑战面前也更愿意坚持原则，不轻易妥协，这样也更容易拿到结果。但如果只有"方"没有"圆"，一根筋，也是不行的，这样的人很容易把团队气氛搞得很紧张，也容易在团队里树敌，导致公信力、领导力受损，因此也很难带好团队。

如果"方"多一些，"圆"少一些，就要看这个候选人后天的学习能力如何，如果一直"方"下去，那就是"轴"，大概率带团队也会失败。所以，我们不但要看"卡位"，还得看性格，这是我们决定哪些人适合被提拔为中层要看的第二个维度。

设立了中层，团队又怎么做到管理扁平呢？

我们公司的做法是，尽量不要赋予市场中常见的而且明确的头衔，比如"副总经理""总裁助理""总监""经理"等。头衔容易定义一个人，也容易约束一个人，谁被赋予什么头衔，就会倾向于表现出符合那个头衔的状态，这就会在团队内部造成不必要的管理成本。比如，我会在团队内部说谁负责销售、谁负责行政、谁负责编辑业务，但不会在内部过多强调谁是商务负责人，谁是行政负责人，谁是编辑负责人。对于中层，我们也没有进行排位，而是统称为"骨干"，这样也是为了防止过度科层化。

另外，也要谨防"因人设岗"，如果没有具体职责，就不要为了个别人设立岗位，因人设岗只会有百害而无一利。我们团队有个比较资深的同事,工作遇到了瓶颈,有中层提议给她设置一个"首席作者"的岗位,被我拒绝了。因为要设置首席作者,就得单独为她设立一套考核体系和绩效体系,这些都是在增加管理复杂度和成本。

  自从中层立起来后,我们公司的稳定性和管理的有效性都有了大幅的提升,这些中层,都是公司任职时间最长、能力最突出的员工,他们在更宽广的岗位上得到了更多的锻炼,也发挥出了更大的能力和价值,自身也得到了更好的提升。他们跟公司之间,也更能彼此成就,在正向互动中成长。

05

员工被提拔后的常见问题

员工被提拔后，成长过程总会出现各种各样的问题。作为老板，一定要认识到，人的成长，不会是一条直线，而是"绕不开的认知周期，无法避免的波浪式成长"，及时发现中层身上出现的问题，对症下药，可以提高培养的成功率。否则，中层不牢，地动山摇。

新提拔的中层，容易出哪些问题呢？

第一，害怕承认自己的错误。

有些员工，在提拔前非常坦诚开放，但被提拔后，团队成员很快发现"他变了"，最典型的是变得不敢承认错误、不敢担责，出了问题喜欢"甩锅"了。

原因在于，他可能觉得作为管理者，就需要在团队成员面前是"正确"的，害怕承认错误会影响自己在团队成员心目中的形象,进而损害领导力和权威性。

事实恰恰是,不勇于承认自己的错误,最伤领导力。因为团队成员会觉得你不真诚了,而真诚是领导力的基石。

有员工就跟我表达过这样的看法:"为人真诚和管理技巧之间,真诚绝对是第一位的,如果没有了真诚,还使用所谓管理技巧,我会觉得很虚伪、很拙劣。即使缺乏管理技巧,但这个人是真诚的,我还是会选择相信他。"

不敢承认自己的错误,接下来,很有可能是找理由开脱,甚至"甩锅",把问题归咎到别人身上,这样就更要命了。尤其是"甩锅"给同事和下属,会导致管理者的信誉严重受损。

百事可乐创始人坎迪斯·布拉德汉姆曾说过:"人们会宽容由于诚实犯下的错误。但是如果失去了他们的信任,你会发现很难再取得信任。因此,你必须把信任视为你宝贵的资产。你或许可以欺骗老板,但绝对不要欺骗你的同事或者下属。"

然而,有一点不得不承认——职位和权力,哪怕再小,也会腐蚀人的心智。所有的管理者都要引以为戒,防微杜渐。

第二,经验主义和教条主义。

一些有管理经验的管理者,常犯的毛病是经验主义。他们基于过去的成功,容易盲目乐观,而对新的环境、新的变化、新的人缺乏足够的敬畏心,总认为拿着旧地图能找到新大陆,以为躺在过去的功劳簿上能再成功一次,从而深陷经验主义和教条主义却不自知。

比如，新一代职场人换工作愈加频繁，这样的就业结构和代际特点，决定了管理者的管理模式、管理风格、管理方法都需要随之变化。有一些管理者却不愿做出改变，在感叹"队伍不好带了"的同时，往往也会陷入迷茫：问题到底出在哪里？为什么自己不再被信任？按理说，自己已经做过几年的管理，经验和心得更丰富，为什么老司机还会翻车？他们没想到的是，一个阶段的就业者有一个阶段的特征，即使是再有经验的老司机，如果不能跟着时代变化而变化，就很容易被突如其来的浪潮打翻在地。

第三，固执己见。

固执己见，往往意味着容易低估别人面临的困难，而高估别人所能做出的成绩。

《了不起的盖茨比》开篇有句话："每逢你想要批评任何人的时候，你就记住，这个世界上所有的人，并不是个个都有过你那些优越条件。"当时代和条件都发生变化的时候，管理者应该尊重发生的变化，从"实然"出发，而不是从"应然"出发。

固执己见，也意味着听不进别人的意见，甚至连认真倾听都做不到。有一次，一个团队成员跟我说，当她跟某个中层提意见时，"我才说了不到 5 句话，他说了足足 20 分钟，全是反驳我的话，我就再也不想谈了"。

要想不固执己见，管理者必须要做到"空杯心态"——先把自己的想法清空，交流时要看着对方的眼睛，认真倾听对方的发言。如果作为管理者一边听一边脑子转得飞快，就想着怎么回复对方提出的问题，甚至是怎么反驳，那肯定不行。

对于倾听的内容，管理者需要秉着"有则改之，无则加勉"的原则进行检视。如果确实是自己出了问题，就应该认真整改，如果不是自己的问题，而是其他因素造成的，也需要做出详细解释，并询问对方自己是否解释得足够清楚，以及对方是否理解了这个问题。

固执己见，往往还意味着"一言堂"，独断专行。但面对这个时代的年轻人，"一言堂"不碰个鼻青脸肿才怪。

第四，宽于律己，严于律人。

有些中层，喜欢用两把尺子量人，宽松的那把量自己，严格的那把量别人，导致团队成员不服气：自己都做不到，凭什么要求别人做到？

不能以身作则的管理者，往往"说的比做的多"。但小微企业的管理，都需要扎扎实实地落到细节上，对团队成员有没有帮助，看的是实际行动，而不是空谈。如果管理者"口惠而实不至"，很快就会丧失团队成员的信任。团队成员希望看到的是，你对团队用不用心，是否真正帮到了团队。管理者稍有分心，精力不在团队上了，问题就会层出不穷地冒出来。

所以，管理者要尽量做到"推己及人"，自己做不到的，要理性分析别人能不能做到。这不是说管理者做不到的，员工也都做不到，人与人之间的能力差异确实客观存在，但管理者要拿"以终为始"的原则去检视，如果发现这样可能会让团队成员得出

"宽于待己，严于律人"的结论，那就得慎重了。

"以身作则"是小微企业中层一个很重要的领导原则，因为中层能给下属的最宝贵的东西，就是一个好的榜样。如果能以身作则，团队成员也会更愿意信服你，尊重你。

管理学家拉姆·查兰在《领导梯队》一书中提到，一个人在职业生涯的发展中，从最初的独立贡献者到成为整个组织中的最高层、首席执行官，这个过程当中会进行7次转身。而每一次转变，他的自我认知、能力和时间的分配都必须进行调整，才能适应新的岗位要求。

作为中层的指导者，老板需要时刻注意防范上述问题，因为这些问题往往是你打造强有力的中坚层最大的敌人。

06

如何对中层放权和监督

看一个老板怎么样,只需要看跟老板交流最密切的几个人就能知道。

有了中层,中层就是老板的镜子。中层什么样,老板便什么样。

俗话说,"强将手下无弱兵",与之相对的是,"兵熊熊一个,将熊熊一窝"。

被提拔为中层只是开始,成熟还需要经历一个系统的培养过程。这个培养过程,就是老板和中层互相照镜子的过程。

有些老板认为,最优秀的员工提拔上来了,一定要好好地保护他们,免得他们因为受挫离职。殊不知,这是在人为地制造温室,温室里的花朵虽然美丽、娇艳,看上去很美好,实际却很脆弱。

既然是中层，就得无惧挑战、经历风雨，成长一定是在压力和挑战之下实现的。正如孟子所言："故天将降大任于斯人也，必先苦其心志，劳其筋骨，饿其体肤，空乏其身，行拂乱其所为，所以动心忍性，增益其所不能。"

有没有新提拔的中层因为不堪压力而离职？当然有，而且比例不低，但这是团队成长必须承受的代价。

如果因为怕给中层增加压力，就对新提拔的中层进行"放羊式"管理，不管不问，这样也是不负责任的表现。作为老板，既要让中层承担责任，接受挑战，也应该对中层加强指导和培养，帮助他们提升面对挑战的心智和能力。

这里面，最难把握的，是"度"的问题。

第一个"度"，是"放权度"。既然中层被启用，就意味着需要从老板那里分权。如果只给了名，却不给权，中层"名实不符"，那么他们就只是老板的"提线木偶"，不是真正的中层。所以，放权度是第一面镜子，能照出老板愿不愿意真正"放权"。

第二个"度"，是放权之后，老板的"介入度"。老板愿意放权，但放权之后老板是不是就全然不顾了呢？当然不是，放权之后，老板还得仔细做区分，哪些权该一步放到位，哪些权可能新提拔的中层承担不了，需要逐步放，要防止"一放就乱，一收就死"。不该一步放到位的，如果一步放到位了，可能事情就会走偏，而且中层也会觉得自己并没有得到足够的支持；相反，该一步放到位的没放到位，那么中层也会觉得束手束脚，甚至会觉得自己不被真正信任。

对"介入度"的把握，在老板自身管理能力和技巧还不太成熟的时候，问题尤为突出。很多老板不是不愿意放权，而是不知道该怎么放，不知道该放到什么程度。所以，"介入度"多少反映的是老板自身的能力水平。

那么，没有经验的老板如何把握好"介入"的"度"呢？我觉得，最好的方式是在提拔完之后，跟中层展开一次坦诚开放的谈话，就哪些权力需要一步放到位、哪些权力还需要慢慢放进行深入交流，达成一致意见。如果一场谈话解决不了问题，那就组织两场、三场……没有这样充满信任感的沟通过程，各种麻烦可能很快就会出现。

第三个"度"，是分寸感。新提拔的中层，在做员工时，收获的大多是表扬，升职之后，面对的更多却很可能是批评和挫败。当他们在带团队过程中出现问题时，老板到底该鼓励还是批评？鼓励不解决问题，批评可能会进一步挫伤他们的自尊心，让他们表现得更差劲。所以鼓励和批评都不是好办法，更好的办法是提前进行参与式观察，并且深入给予指导，尽量把工作做在前面。

有一次，我在观摩了一位刚被提拔起来的中层在团队会议上的表现后，给他指出了下面这些问题，并给出了相应建议：

- 不擅长搭建讨论框架：开会比较随意，想到哪儿开到哪儿。你主导的会议，应该事先列好讨论事项，一项项推进。
- 开会过程中容易被带离主线：容易陷入对具体事情的讨

论，而迷失了主线，这些讨论大部分没有实质意义，大家会感觉时间被浪费掉了，需要注意抓好会议主要议程。
- 回避做决定，尤其是表达否定性意见：需要做决定的时候，会习惯性回避直接做决定，其实，一次会议需要做决定的地方有很多，有些可能非常小，比如第二天要不要联系客户，如果会议当时不明确给出答复，问题得不到解决，下一次还会像猴子一样跳到你背上，会议就总是会在同样的议题上兜圈子。不愿意发表否定性意见，可能是怕得罪人，但这样一来，团队成员就会莫衷一是，不知道哪些该做，哪些不该做。
- 不要随便展示你的体谅：有的同事表现不好，你会主动给他找理由，认为是因为他"太忙了"，这样很难让团队有卓越表现。如果他确实太忙了，那么他会跟你主动提出来的。你不能自己找一个说得过去的理由去体谅他。

你这样做，指导对象会买账吗？不一定，也有可能反而会挫伤他们的自尊心，结果表现得更差劲。但我们是不是就应该回避问题，不直接给出指导呢？如果那样的话，你不但会得到一个无能的中层，还会得到一个绩效平平的团队。

如果老板跟中层一起共事了一两年，再去看他们身上的问题，会发现，所有问题归根结底都是老板自己的问题。

比如，如果老板觉得中层不够坦诚开放，那很有可能是他自己不够坦诚开放；如果老板觉得中层不够有战斗力，那很有可能是老板自己放松了要求；如果老板觉得中层带团队有问题，那很有可能是老板自己指导不够。

唐太宗李世民说："以铜为鉴，可以正衣冠；以人为鉴，可以明得失。"每个小微企业的管理者，都需要把中层当作镜子来"镜鉴"自己，他们表现得不好，问题很可能不是出在他们身上，而是出在管理者自己身上。而且，说到底，是管理者把他们提拔到这个位置的，如果确实觉得他们不行，就应该把他们撤换掉。总之，最终的责任，不在别人，恰恰在管理者自己。

07

批评优秀员工要有策略

老板面临的难处之一是，如何跟优秀员工表达批评意见。

现在是 21 世纪 20 年代了，不是老板想批评谁就批评谁，想怎么批评就怎么批评的。即使是大企业，老板也不见得能随心所欲痛骂下属一通，如果还是"随心所欲"批评人，那就有点不明智了。有家做网络安全的互联网公司的老板是行业里出了名的"炮筒子"，动不动就会向下属"开炮"，出了名的难伺候。结果，他们公司有些向他汇报的高阶岗位，换人跟走马灯似的，甚至有好几个都是来了不足一年就离开了。即使钱给得再多，也受不了那个委屈。

"霸道总裁"注定只能在"爽文"里出现，现实中，老板们面对着人才竞争激烈的市场，对于优秀员工——他们往往是团队的中坚或者有一定职务——别说颐指气使了，每天都是想尽办法让他们工作得开心、舒畅、有成就感。

所以，不但做不了"霸道总裁"，老板们还经常走向"霸道总裁"的反面——因为怕"得罪"优秀员工，即使他们出了问题，也不敢直面问题，而是想要回避问题，或者在出现问题后敷衍一下，在中间和稀泥。

我见过的很多小微企业老板，都是这样的。尤其是创业经验还不丰富的老板，更容易如此。

对这个问题，他们总是倾向于这样思考——

- 大事化小，小事化了：对方整体上是优秀的，只是存在一些小毛病，有必要吹毛求疵吗？
- 谁都会犯错：没有谁不会犯错误，这种错误也很常见，何必揪住他的错误不放呢？
- 做得多错得多：正因为他优秀，做的事情多，出错的概率才大，批评不是在"鞭打快牛"吗？
- 挫伤积极性：优秀员工的自尊心都比较强，内心比较骄傲，遭受批评之后，积极性、干劲儿会不会受到影响？
- 不好相处：以前都是表扬和鼓励，相处得跟好朋友似的，现在突然批评了，他能不能接受，会不会造成心理落差，以后还怎么跟他相处？
- 离职：一个不爽，他们会不会拍拍屁股走人？

一想到这些，老板们往往会选择退缩，觉得与其严厉，不如宽容；与其点破，不如回避，同时心存侥幸，觉得这些优秀员工迟早会意识到自己身上的问题，这些问题也能在发展中得到解决。

而现实却常常遭遇"打脸"——

- "灯下黑"现象：一个人往往是意识不到自己的问题所在的，在别人看来，当事人身上的问题就像是房间里的大象一样醒目，当事人却很有可能存在视野盲区。而且，即使意识到了，那些问题在他眼中也不是大象，而是一只小老鼠。
- 小病不治，大病难医：很多问题，一开始都是小问题。小问题得不到纠偏，就像雪球一样越滚越大。真到酿成大问题的时候，可能老板还在疑惑：这些不都是小问题吗，怎么发展到这个程度了？
- 办公室政治：正因为老板有心魔，又寄希望于优秀员工的"自我救赎"，从此两人不免留下心结。人都是很敏感的，一旦一方有了心结，另一方也容易感知到，不免胡乱猜想，长此以往，两人之间的裂痕会不断变大。

有些老板即使意识到了问题，也有意去"点醒"对方，但为了回避自己的心魔，可能会选择这样一条路径——让人带话。带话的人，往往跟那个优秀员工关系比较好，层级也差不多。

老板可能会觉得这是最佳方式，既不会破坏关系，也能起到传达信息的作用。但实际上这是最糟糕的方式。原因在于：老板会失去两个员工的信任！甚至对整个团队，都会传递错误信号。

在这个沟通过程中,每条关系链都被弄拧巴了——

- 带话的员工会很别扭:为什么让我带话,老板是怕直接面对那个员工吗?
- 被带话的员工也会很别扭:为什么不是老板直接来跟我谈,是他觉得没法跟我对话了吗?是不是不信任我了?他是不是跟带话的人吐槽过我了?
- 团队也会很别扭:就这么些人,老板为什么不直接谈话,还需要带话,看来带话的人才是老板真正的亲信,被带话的人已经失去老板的信任了。

所以,对老板来说,当发现优秀员工身上存在问题,而且会影响到工作时,既不能被心魔把控,也不能和稀泥,必须认识到:指导员工乃自己的职责所在,必须直面问题,帮助这名优秀员工意识到问题的严重性,再给出切实的建议。

这个时候,老板还需要切记,优秀员工身上的问题,如果不是自己亲自发现的,也应该是通过合理渠道获取的。要严格禁止通过团队内部"打小报告"来获取信息,否则将后患无穷。

试想,如果你是团队里的杰出员工,老板拿事儿说你,而这个信息却来自别人的"小报告",即使事情是真的,你是不是也会觉得很可怕?会不会觉得老板"听风就是雨"?司法实践中有一条规则,非法证据排除规则,即不是通过合法手段获取的证据,不予采信。老板也应该遵循这一原则,在获取信息上不走旁门左道,而是鼓励坦诚开放,并通过一对一谈话、公开收集建议等方式，畅通反映问题的渠道，公开透明地获取真实信息。

上面这些问题都解决了，你就可以找员工谈话了。

我们团队有两名优秀员工，共同负责领导一个部门，在跟同事例行的一对一谈话中，我发现他们已经在团队内部酿成了不小的信任危机，而他们自己却没有意识到。团队成员开始离职，留下来的成员跟他们的隔膜也日渐加剧，而他们一方面感到困惑，另一方面还是用原来的风格领导团队。

一对一谈话中，同事对他们的批评包括：

- 责任心不强：出现过因喝酒导致业务出错的状况。
- 不愿意承认自己的错误：自己出了问题，不能诚实面对，还有"甩锅"之嫌。
- 固执己见：不愿耐心听取团队成员意见。
- 重视自己超过团队：对有助于自己名声的事情很在意，放在了团队利益之上。
- 说的比做的多：说的话比较空，说得多做得少，缺乏对团队切实有效的帮助。

我单独找了个周末，找其中一位谈了话，反馈了团队成员对他的批评，并且给出了建议。结果，正如我在前面所言，优秀员工的自尊心都比较强，负面评价容易引发自我防御机制，他们要么否认问题的存在，要么否认是自己的责任。接下来一段时间，这名员工像是受到了某种伤害一般，情绪低沉了好几天。有一次，他找到一个机会，跟我吐槽道："你不应该拿他们的意见来批评我们。"

在团队成员的反馈没有得到领导者充分认知和反思的情况下，形势更加糟糕，他们所带领团队中的信任感更加脆弱，更多团队成员开始离职，很多成员开始有意回避跟他们交流。

于是，在一个周末，我约他们一起共同面谈，地点选在了一个环境比较放松的室外咖啡厅。面谈前，我先强调，这场谈话不是为了批评而批评，更不是要批判谁，而是为了解决当前我们面临的问题，降低离职率，稳定团队，创造更好的业绩。

我同时强调，这一点，也符合我们的共同利益——因为离职就意味着我们都要付出不小的招聘和培养成本，而信任感出现问题导致产品不佳，也有损公司的竞争力，对此，我们都需要为之负责。

"今天，我会坦率地指出你们身上存在的问题。关于你们的信息，都是按照正常程序从团队里获知的，我希望你们记住，以后你们也需要排除通过小报告或者二手渠道获取的信息，不要听风就是雨。我是你们的直接领导，我有责任帮你们分析问题出在哪里，该怎么改正。"

他们俩原本以为是自己要求太严苛的缘故，不承想是底层的信任机制出了问题。"因为信任没有了，你们现在做得越多，错得越多。那名离职的员工告诉我，当她看到你们给她设计的成长路径，虽然写得很好，但她觉得很可笑，因为她完全不信任你们了，这才是问题的症结所在。其他同事可能没有像她程度这么严重，但反馈出来的信息也表明，你们需要重建其他同事对你们的信任。"接下来，我像剥洋葱一样，条分缕析地把现象和其他同事的反馈进行了剖析，让他们意识到问题比他们想象中的还要严重。

他们也没有想到问题的根源是信任，也开始一点点坦诚地自我剖析和反思。用了几个小时，我们进行了深入且透彻的交流。

到年底进行总结时，此前表达过情绪的那名员工说："上次你跟我反馈了其他人的意见之后，我内心很难接受。但后来，我意识到，如果我想不断成长，就必须借助外界对我的反馈，不然我看不到自己的缺点。上次的谈话就很有必要，知道了自己的问题所在，我反而更有信心和斗志了。"

这当然也是我希望达到的效果。

08

如何处分员工？

《贞观政要》中，唐太宗李世民说："国家大事，唯赏与罚。赏当其劳，无功者自退；罚当其罪，为恶者咸惧。"公司管理，赏罚是大事，这是打造高效团队的必由之路。

赏是做加法，人人开心。但如果奖赏不当，也容易造成问题。正如唐太宗李世民所言，奖赏如果不能跟功劳相匹配，也不能服众。况且公司成员，根据自我心理感受，尤其是跟管理者的亲疏之感，会自动地分出"二环三环四环"来，有些人甚至会习惯自我边缘化，如果他们觉得总是某些人获得奖赏，自己却很难获得，边缘感就会更强，疏离感也会更深，甚至认为自己所在的就是一家不公平的公司。

罚是做减法，必然有人不开心。前面说过，很多管理者性格很"优雅"，"菩萨低眉"可以，"金刚怒目"很难。但如果有过不纠,有错不罚,只会损害管理者的权威,且"破窗效应"容易蔓延,导致团队全员很快都变成"小白兔",没有人愿意对质量和品质负责。而且,小错不纠,大错就难挡,千里之堤,溃于蚁穴。

"没辞退过人的管理者,不是好的管理者。"这句话有一定的道理,即使是小微企业,也不可能所有员工都是合适的,如果留着明显不合适的员工在团队里,就是管理者的失职。

所以,管理者要过的第一关,就是懂得如何处分员工。

既然是处分,就得有依据、有程序、有结论、有反馈。

其中最重要的是要有依据。处分事关员工的颜面、声誉,甚至职业前景,不能随意为之。站在劳资双方的角度看,公司有权处分员工,但这种权力也需要被约束,不能滥用,否则容易对员工造成伤害。所以,公司在建章立制时,一定要把高压线和处分条例规定清楚,公司能容忍什么,不能容忍什么,都要有清晰的规定,并且让员工充分知晓。

同时,这些高压线和处分条例,不能跟国家的法律法规相违背。比如,一些公司的处分条例里,把迟到视为旷工,这种做法就是不被法律法规支持的。如果处分不当,员工完全有理由走劳动仲裁的程序,来保护自己的合法权益。

有了合法的处分依据,管理者就是在按章办事,而不是随意处分。这样对管理者来说相当于有了一剂强大的镇静剂,能舒缓他对要做出的处分措施的焦虑情绪,因为如果有章不依,就是他自己的失职。他如果不能维护好公司制度,也不是一个好的管理者。所以，每个管理者都要明白，赏罚分明是其职责所在，责无旁贷。

有了依据，管理者接下来还要根据员工犯下过错的大小，做出处分决定。

小微企业的公司规定，肯定没法做到像法律文件那样体例完备，把各种可能的情形都考虑在里面。为了保持灵活性，小微企业的规章制度通常都比较简略。简略不是问题，重点是一定要有。

公司在制定处分条例时，可以考虑根据行为的严重程度做出分级，像我们公司的处分条例就分为两级。

一级为高压线，并且规定"对于违反公司高压线的行为，公司将对其直接辞退，情节恶劣者，公司还将公开通报批评"，这些行为包括：

1. 收取其他公司的贿赂或回扣
2. 通过虚列开支等方式贪污或挪用公款
3. 拉帮结派、结党营私、互相倾轧拆台
4. 对外泄露公司商业秘密，严重损坏公司商誉
5. 互相打听或讨论薪资等要求保密的信息
6. 未经申报同意，在外有偿兼职
7. 入职时提供虚假履历和虚假证明
8. 抄袭或剽窃
9. 职场性骚扰

而对于未触及高压线，却也会酿成不良后果的行为，公司规定，

"视情况的轻重程度给予口头警告、诫勉谈话，降级、撤职，书面警告、记过、记大过的处罚"，这些行为包括：

1. 擅离职守、有旷工等行为
2. 工作不力或消极怠工
3. 编造请假或外出理由
4. 长期不能完成工作任务
5. 经常被同事或客户投诉
6. 无正当理由不服从工作安排调度
7. 因工作失误给公司声誉造成损害
8. 划地自封、串通勾连、搞办公室政治
9. 不服从管理，威胁、侮辱同事或部门负责人
10. 条款中未涉及但造成了不良影响的过错也将予以追究。

值得注意的是，处分条款在拟定后，必须发给公司员工征求意见，无异议后方可实行。

如果员工有行为涉及上述条款，先进行调查，确认是否存在，如果确实存在，再审核具体触及哪个条款，并且援引相关法律法规，结合公司的规定，拟定"处分决定书"。务必反复推敲字眼，使决定书符合国家法律法规的精神，并且"罚当其罪"。

最后一步，需要把处分决定书反馈给员工，告知处分的原因及依据，并且告知再犯的后果。

创办公司以来，我们公司内部触及高压线行为的案例没有出现过，违反处分条款的有几例。从结果上看，实施处分之后，被

处分对象没有出现过表示不服的情况，更没有出现过向劳动争议仲裁委员会申请仲裁的情况。

作为公司管理者，也必须是立规矩、执行规矩和遵守规矩的人。如果有规可依，规定严肃，则无人敢为非；如果无规可依，处分随意，不但无人信服，还容易惹来麻烦。

09

如何与新世代员工共舞

有一次，我跟一名应届毕业生员工做一对一谈话。此前，我获得的信息是，她所在团队中有一名资历较深的员工，在带她的时候要求比较严格，给她造成了比较大的压力。

结果她告诉我，不是那名同事给她带来了压力，而是我给她带来了压力。她说，有一次会议上，我说她的某篇文章写得好，文风很像资历较深的那名员工。

"我觉得像是挨了当头一棒，你夸人的方式特别像在骂人——我做出来一个好的东西，却被说像他的。"说着，她哭了起来，这一点让她备感委屈。

她告诉我："在对一个人定义和定性的时候，不能拿别人来对比，这种评价方式可能会给人造成误解。那种文风特点是他有的，但不是他专属的，不代表我不能做到，也不代表我不能有自己的风格。"

她还强调，这是一种适度的敏感，而不是"玻璃心"。

一开始我想辩解，但冷静下来后我向她道了歉，因为不论怎么辩解，她的委屈和刺痛感是真实存在的。推己及人，我自己在年少的时候，也很反感父母拿我跟别人做比较。管理者与新一代年轻人通常会有一定年龄差距，更需要去同理他们内心的感受。

于是，我把"千万、永远不要拿人去做比较"记录了下来，作为以后对待员工的法则。

我们公司为每一名员工建立"个人成长档案"，正是来自这次谈话的启发。既然每个人都不喜欢被横向比较，那么，就有必要建立单个员工的沟通和评估资料库，让他们自己跟自己比，今天的自己跟昨天的自己比，而不是跟别人比，这样也能更清晰地呈现每个人的成长轨迹。这个"个人成长档案"，甚至还包含这名员工入职时每一轮面试的记录，以及试用期周期性的复盘记录，可以特别清晰地看到每名员工在某个节点上的所思所想，以及管理层对他们的评估。经过一段时间的积累，就会形成一份非常清晰的员工成长记录。

不同世代的员工，思维方式存在着较大差异。如果不重视这种代际思维差异，就会很被动。比如，有一年，我们公司新入职了一拨员工，他们大多出生于1997—2000年。果不其然，挑战很快就来了。年底大家提建议的时候，好几个年轻员工不约而同地提到希望实行弹性工作制，这在以前是未曾出现过的。他们非常强调平等，尤其是人格平等，不太愿意接受职位高、资历深就更有话语权的观点，对言语上的平等、性别意识上的平等看得很重。另外，他们的权利意识更强、领地意识更突出，一旦觉得自己的领地被侵入，就会积极地进行反击。

有一段时间，社交媒体上流传着"'00后'整顿职场"的故事，我虽然没有遭遇过那么"典型"的案例，但也能感觉到，这一代年轻人不同以往，有时候甚至也让我和其他管理者直挠头。

同时，我们又不得不认真去理解他们，站在他们的角度去思考。因为不能互相理解，就没法建立信任关系，而没法建立信任关系，即使有再好的思路和愿望，也没法实现，团队的战斗力和执行力也会大打折扣。

我们公司的一个中层就很有感触地总结说："现在的Z世代有很多我们不能理解的想法，但它们是真实存在的，如果一味抵触只会使同事之间心存芥蒂，我们还是要尽量做到公平。"

对于新世代的员工，用"奋斗逻辑"去激励他们，也有点不合时宜。早些年，由科技互联网公司引发的"996"现象，如果放到今天继续大肆宣扬，容易被员工视为精神操控。

当下，有很多年轻人为了找寻工作的真正价值及工作与生活的平衡，宁愿放弃更高的薪水和更大的平台，去到一些小的公司就业。如果再单纯地以奋斗逻辑去领导团队，很难有说服力。公司应该尽量通过环境和文化，让他们自觉自愿地发挥聪明才智，感受到工作带来的成就感和意义感。

他们对于上司只从自己的角度出发提的建议也很不感冒，特别愿意跟能理解他们、站在他们的角度思考问题的上司保持良好的沟通关系。

他们的权利意识、领地意识更强，意味着管理者需要把工作做得更扎实、更细致。跟他们相关的事务，在做决定的时候，也应该尽量让他们参与进来，充分听取他们的意见。

面对不同代际的员工，一成不变的领导风格是不行的，管理者也需要与时俱进，寻找新的模式和方法，这样才能跟新世代员工共舞。

10

沟通要"入耳、入脑、入心"

一个公司或团队内部出了问题,往往是沟通出了问题。而沟通会出问题,往往是因为管理者不会沟通。管理者不会沟通,往往是因为管理者不会倾听。

有人可能会说,难道不是应该让员工听我的吗,我为什么要去听员工的?

道理很简单,你不听员工的,那员工为什么要听你的?

有些人觉得,倾听还不容易吗,不就是认真听别人说话吗?作为管理者如果你对倾听的认知只停留在这一步,毫无疑问,你才刚到了山脚下,还没开始登山。

我曾经也一度认为,倾听就是在别人说话的时候,认真一点,专注一点,不随意打断,少说多听,这就是倾听。现在回望,那时候的我只能算是处于倾听的初级阶段。真正的善于倾听,是分层次的，有三层境界——入耳、入脑、入心。

第一层，入耳。

不要小看"入耳"，其实很多人都做不到，要不然也不会有"把我的话当耳边风"这样的表达了。"入耳"是需要营造情境的，在跟团队成员沟通时，你一边看着电脑或手机，一边搭着话，这种情况下想"入耳"是不可能的。

跟员工谈话时，管理者应该竖起耳朵，全神贯注地看着员工的眼睛，也就是说，不光要听，还要看，因为表情尤其是微表情，更能反映一个人内心活动的真实状况。一边看着对方一边说，更能理解对方表达的深层含义。同时，一直保持眼神交流，也有利于谈话双方都始终聚焦于深度交流，不太可能出现谈着谈着就不再专注的情况。对于员工来说，他们肯定也希望看到一个聚精会神倾听自己的管理者坐在他们对面，而不是被敷衍对待。

我的体会是，跟人沟通时，一边听着，一边看着对方的眼睛，当对方说完时，不要急于开口，这时对方一定会使出十二分解数，继续补充，希望你能够充分明白他的意思，这样在谈话中所获得的信息密度也会更高、更有价值。

即使对方觉得自己表达完了，你依然可以不断追问"还有吗"，以获取尽可能多的信息。

有些善于沟通的人，还特别擅长利用自己的弱点，比如方言味儿重、容易紧张等。我在《中国青年报》做记者时，有一位部门领导同时也是一位极其出色的记者，拿过10多项中国新闻奖，但出乎很多人意料的是，他非但不健谈，说话口音还特别重，重到没几个人能听懂他说什么。然而，正是这个"弱点"，让跟他说话的人愿意说得更多，也愿意说得更详尽，他也因此能获取更多的信息。

所以，管理者即使再会表达，沟通时如果能"藏巧于拙"，可能效果会更好。相反，牙尖口利则容易形成压迫感，让员工不敢表达。

要想真正"入耳"，还应该有乔布斯那种"一秒变白痴"的能力，也就是说，做到彻底敞开心扉，保持"空杯心态"。如果只拣自己感兴趣的听，很有可能会忽略员工真正在意的部分。

综上，在倾听的时候，管理者应该以员工为中心，而不是以自己为中心。要抱着求教、求助的心态，而不是居高临下的姿态。"入耳"是管理者收集信息的过程，同时也是让员工充分感受到被尊重和被理解的过程。

第二层，入脑。

"入耳"之后，就是"入脑"。

"入脑"是把员工说的问题跟你建立共识的过程。这个时候，不要急于回答员工的问题，最好是能够把他的问题进行归纳，总结出几点来，并且复述一遍，复述的时候还需要跟对方核对："你觉得我总结得对吗？"如果对方给出确定的答复，还应该继续追问："我还有什么遗漏的吗？"

这个过程，是为了防止员工所关心的问题，跟你以为他所关心的问题之间出现偏差。通过复述，也能够确认什么是核心问题。

所以，"入脑"不是让管理者在员工表达的过程中拼命想着怎么回应，而是在怀着"空杯心态"听到意见或建议后，开始思考怎么跟员工一起解决问题。

不擅长倾听的管理者，往往就败在了这个环节。他们认为，自己作为管理者，有指导的权威和能力，有视野的深度和广度，正好可以借机展现自己思考的深度和表达的高明，于是在问题复述完之后，开始长篇大论，而且经常自我感觉良好，"你以为我在第一层，其实我在第三层""你在迷宫里面，我在迷宫上面"，最后就差没说："你算找对人了，按照我说的去做，准没错。"

谈完后，管理者以为自己能拨云见日，让人茅塞顿开。结果，效果可能正好相反，一点作用都没有。

为什么没作用？管理者得反思，自己是在脚踏实地地给出实实在在的方案或建议，还是在夸夸其谈，用空泛概念包装自己的表达？我们有个中层就被员工吐槽过，"他说话听不懂，说什么都要往商业模式、底层逻辑上靠，大家都觉得很空"。

"真佛只说家常话"，厉害的管理者，绝不会一味用时髦的术语和夸夸其谈让谈话变得更复杂，相反，他会给出简洁清晰的答复。他在意的是这些答复中，哪些能真正落地，哪些能切切实实地落到工作细节上。他会欣喜于在谈话中碰撞出来的能够改善工作的点，并将其视为真正的成果。

聚焦于改善员工工作表现的谈话，管理者经常喜欢吐槽："这个事情不是跟他说过了吗，怎么还是没改变呢？"那是因为你在长篇大论时，忘了最根本的一点：在职场里，没有人愿意被教导。

道理很简单，教导是自我中心主义，是希望别人按照你说的做，引导才是员工中心主义——以他为中心，跟他一起探讨，怎么才能做得更好。

这个时候的语言，不宜是强指令性的，比如"你应该……""为什么你没有……"，等等。可能有些人会觉得，"自己是领导，别人就是来寻求自己的指导的，用强指令性语言，会让人觉得自己干练、有领导力。其实并非如此，还是那句话，应该以员工为中心，所以在语言的选择上，即使你有明确的思路，也最好用"如果……你觉得怎么样？""这样选择，会不会好一点？""也许你可以参考……""你要不要先试试……，过一个月咱们再看看效果如何"这样的表达方式，来引导员工自己思考。

管理者需要做的，是引导员工去打开一扇门，而不是指示他们去打开一扇门。毕竟，就如前面所言，不要想着去改变一个人，除非他自己觉得需要做出改变。

第三层，人心。

"人心"，意味着真正能看到变化，且能举一反三，在其他方面也做出相应的优化。

如果员工提了建议和意见，管理者不仅"入耳"，还精准地概括了问题的本质，并且跟员工一起探讨出了优化的方案——我们都知道，有很多问题并不是一朝一夕能解决的，只能从小事做起，从小的改变开始，需要慢慢优化而不是彻彻底底地推翻重来，那么接下来，就绝不能把探讨的成果束之高阁，而应该立刻做出改变，哪怕是再微小的改变，也要去做。

否则，员工将得出结论："说了也没用，以后再也不说了！"

管理者最好也把跟员工探讨的情况记录下来，变成资料库的一部分，并且根据需要开放给团队其他的管理者，让他们在跟员工的沟通中有的放矢，提升效率。

记录下来的资料，如果是涉及员工成长的，下一次跟员工谈话时，就需要先复盘上一次谈话的成果，并且梳理上一次谈话后员工工作上的进展和变化，看有哪些方面做得不够，哪些方面值得表扬。

而如果涉及员工对自己或团队的意见和建议，也要做出反馈，告诉他，因为他的建议和意见，自己或团队哪些方面做出了改变和优化，并且感谢他的建议和意见，同时，再一次邀请他提出建议和意见。

管理者也有必要经常翻看这些记录，一方面不断跟进员工的所思所想，另一方面也不断检视他们的心声是否被真正倾听。

所以，真正的倾听不能止于听，必须要做到"入耳、入脑、入心"，才算完成了"倾听—思考—反馈—改变"的闭环，实现了认知、思考、践行的统一。

当然，成为好的倾听者，绝不意味着要讨好员工，或是要跟随员工的问题"起舞"。我一直强调的是按原则管理，管理者需要明确自己的标准和界限,而且,需要认识到,"尊重理解"跟"直面问题"并不冲突,也绝非二元对立。有一些管理者,在"直面问题"时,常常摒弃对人的"尊重理解",把对事的否定变成对人的否定,从而导致事与愿违和"人也比以前更糟"的后果。

可能他没有意识到,问题并不主要出在别人身上,而正是出在了自己身上。

所以,只有懂得什么是真正的倾听,才能成为一个有效的沟通者,也才能高效领导团队。

11

不要把员工离职全视为失败

我有个朋友,职业生涯很精彩,既做过一家著名媒体的高管,也在某巨头公司担任过较高的管理职务。他出来创业的时候,咨询我:"我出来以后有哪些需要注意的?"

我说,小微企业员工离职是常态,可能会让你比较痛苦。等他出来创业后,果然,最让他沮丧的就是重要员工离职,有时候这甚至会让他陷入强烈的自我否定。

在创业早期,员工离职也是最困扰我的事情。经历过那么多次员工离职,我发现了两个规律。

- 只要员工提出了离职,99%可能无法挽留。事实上,这么多年来,我从来没有成功挽留住过。有时候能暂时让员工打消离开的念头,但也就一阵子。
- 当员工提出离职时,他在心里早就已经从这家公司离开了。所以，谁会离职，我往往会有预感，太多的细节能暴露一名员工到底会不会离职。

后来，想通了这个问题，这件事情就没那么让我困扰了。

小微企业的员工为什么离职频繁？很简单，一个原因是，这是整体趋势，另一个原因是我花了几年才悟出来的。

整体趋势就是，现在的年轻人就是喜欢跳槽。

2020 年，中国最大招聘网站之一的 BOSS 直聘发布的数据显示，过去 5 年，中国 35 岁以下白领的平均跳槽周期，从 23 个月逐渐降低到 20 个月。在互联网科技行业，几大城市群的从业者平均跳槽周期是 16~18 个月。

这也意味着，现在中国年轻人的跳槽周期，比西方发达国家年轻人的跳槽周期还要短。据《经济学人》报道，美国劳工统计局 2017 年的统计显示，美国 25~34 岁的男性在每个雇主那里任职的时间中值为 2.9 年。《经济学人》杂志一篇题为《千禧世代之迷思》的文章提到，美国 51% 的千禧一代（1980—2000 年出生的人群，也被称为 Y 世代）受访者表示会在一年内跳槽，而有此打算的 X 世代（1965—1980 年出生）和婴儿潮（1945—1965 年出生）雇员比例分别为 37% 和 18%。

所以，不是哪家公司的员工特别喜欢跳槽，而是现在的年轻人整体就爱跳槽。

另一个我花了几年时间悟出来的道理是：小微企业囿于发展速度和规模，本就不可能留住那么多人。在一家爆发式成长的公司,员工会随着业务的增长而快速变多,其所能担负的职责、所能获得的回报可能都会超出预期,在这样的公司里,员工当然会比较稳定。但在一家没有爆发力的小微企业,能够创造出来的机会和回报有限,所以,员工跳槽很正常。

再加上小微企业往往也是初涉职场的毕业生第一份工作的落脚地,就像前面说过的,在美国,80%的人的第一份工作是在小微企业,在中国估计也差不多。所以,员工离职是普遍存在的现象。

对小微企业来说,从这个现实出发,需要思考的是,如何实现双方的价值最大化:从员工的角度,能获得业务能力的成长,也获得职业规范和职业精神的学习与熏陶,并且工作业绩上有所成就;从公司的角度,员工在职期间,能够发挥出价值,为公司的成长和发展做出业绩和贡献。

领英创始人之一里德·霍夫曼的著作《联盟》的核心观点是,基于现在几乎每个职场人一辈子都会经历几段职业生涯的事实,管理者应该将员工在你的公司度过的职业生涯,规划为一系列连续的任期,在每一段任期中,管理者和员工都要制定一个任务目标,这样才能实现互惠互利。

里德·霍夫曼说,在联盟中,雇主和员工建立的关系基于他们为对方增加价值的能力。老板需要告诉员工:"只要你让我们的公司更有价值,我们就会让你更有价值。"员工也需要告诉他们的老板:"如果公司帮助我不断成长,我就会帮助公司发展壮大。"

我非常认同里德·霍夫曼的观点,联盟关系确实是更好地定位了员工与公司关系的逻辑。但联盟关系怎么跟其他方面，如上级与下属的关系融合成为一个整体，以及任期与任期之间如何衔接，这些在实际操作中都存在一些挑战。

所以，不要把员工离职全视为自己的失败，而应该把下面几种情况视为失败和值得反思的重点。

- 员工短期内离职。员工招聘进来以后，半年内就离职。对于大多数公司来说，这么短的任职时间，公司付出的成本往往会大于这名员工创造的价值回报。应对方式是，在招聘环节加强对员工的考察和了解，确保招聘到的员工不会出现"短期行为"。
- 员工加入团队后，没有创造出相应的价值，跳槽之后，却发挥出了自己的能力。虽说不见得一家公司的土壤，能让每名员工都有所成长并能才尽其用，但为什么在你的公司不行，去到别的公司能力就施展出来了？这不正说明你公司的制度、文化、团队上有值得改进的地方？这种情况值得深度反思。
- 在团队里发挥出了才能，公认的真正优秀的成员，选择了离职。即使是小微企业，也应该想方设法留住真正优秀的员工，如果留不住，也得反思公司哪些方面存在不足。

上面三种员工离职可以视作一种失败，需要引起重视。这三种情况的严重程度呈递进关系，第一点的失败算一般严重，第二点较严重一些，第三点最为严重，尤其值得深刻反思。

有些人会把离职员工视为背叛者,离职之后互相屏蔽对方,这确实没必要。我倡导的是,"在的时候不留遗憾,走的时候也不留遗憾"。早期的时候,对离职员工,我还会赠送礼物,甚至会像有些公司所倡导的,在公司会议上公开感谢离职员工,一起合影,甚至把离职员工送到电梯口。但后来也平常心,没有那么刻意了。如果员工离职时自己有事不在公司,我会给离职员工发个消息表示感谢和祝福。

员工离职的时候,还会面临一种情况,就是什么时候离开。《劳动法》规定的是:"劳动者解除劳动合同,应当提前三十日以书面形式通知用人单位。"但很多管理者会发现,很少有离职者愿意待满30天,他们都希望提出离职的当周甚至第二天就离开。但有些岗位因为重新招聘新人需要时间,没法让离职员工按照自己所期望的时间离开。

还有一个问题是,想离职却因为交接的需要留在团队的员工,往往会非常影响团队氛围,他心思不在这了,上班就是来"摸鱼",动辄就请假。这些年来,我见到的离职员工中,认真履行职责到最后一刻的,屈指可数。这使得我们改变了策略,如果那个岗位不是实在离不开人,一般都尽量满足离职员工提出的离职时间诉求。

另外,员工离职,什么时候告知团队也是个问题。有离职员工曾经提出要求,希望不要提前告知团队,后来我们也尽量不提前告知。但如果团队知道有人离职的消息太晚,比如第二天这名员工就不再出现了,引起的震动会很大。在一名团队成员的建议下,我们尽量会在通过员工离职申请那一刻,告知团队。

几年下来,我们公司从未与任何离职员工闹过矛盾,更别说走向劳动争议仲裁甚至对簿公堂了。就算有小小的不愉快,也是极为个别的现象。

从里德·霍夫曼的角度看,离职员工也是公司宝贵的资源和财富,依然是合作关系的延伸。确实如此,这几年,我们公司离职员工带来的业务合作不在少数,他们也会积极地传播公司口碑,推荐合适的候选人来公司面试,有些离职员工,甚至成了我的朋友。相反,那些跟离职员工关系恶劣的公司,收获的却是口碑上的差评。

另外一个收获就是离职员工的回流。曾经我们团队的一名优秀员工因为职业遭遇瓶颈而离职,去了新团队后跟新团队文化气质不符,我又邀请他回来了。之后,他又重新担任了重要的业务领导岗位。

还有一名员工,个人能力也很出色,离开团队之后,也是感觉新入职的团队不太合适,结果仅仅3天之后又重新回到了我们团队。对于这些成员,我一律一视同仁,没有觉得他们离开过,就不值得信任。相反,我认为他们出去后,经过了一次思考,会更知道需要什么,所以完全没必要把离职过视为一种背叛。

可能只有希望建立某种人身依附关系的老板,才会把离职视为背叛。

12

没有组织力的团队只能叫团伙

在我创业的第二年,有一天,在讨论到公司的情况时,一个重要成员说:"我们公司根本不能叫团队,只能叫团伙。"我一下子愣住了,问她:"怎么理解?"

"就像大学社团一样,就是团伙,既没什么凝聚力,也没什么约束力。"她说。

根据她的"提醒",我去读了一些跟团队和组织相关的书,这才发现,她说的是对的,也由此开启了我对观察与研究团队和组织浓厚的兴趣。

汉语中,"组织"是个特别精准的词——一群人是"组",一群人的连接方式是"织",通过特定的方式连接起来的人群,就叫"组织"。

一旦形成了组织,它就会呈现"涌现特性"。这是一种"整体大于部分之和"的特性，即整体会因各组成部分的相互连接和互动呈现出的新的特性。这种新的特性只有整体才具有，任何组成部分都不具有。

在自然界，这种涌现特性很常见，比如椋鸟飞行时和海洋鱼群在遭遇捕猎时的运动轨迹等。

研究者发现，这其中的原理并不复杂，在飞行时，每一只椋鸟遵守三条规则就可以了：一是避免碰撞到其他个体；二是按照最靠近自己的个体前行的平均方向前进；三是向最靠近自己的个体的平均位置移动。这看似简单的三条规则，却让椋鸟以特定的方式连接起来，从而实现了涌现特性。

也许从椋鸟的视角来看，人类驾车出行的行为同样值得惊叹，那么多车往不同的方向行进，却基本不会发生碰撞。其实每一个司机也是遵循了"椋鸟飞行"的三原则。人类的交通规则，也是以特定的方式将人和出行工具连接了起来。

所以组织虽然是由个体组成，但却拥有一些在个体身上看不到的特性。而如果没有这种特性，任何组织都会形同一盘散沙。

在创业之初，我就下定决心要当一个"以人为本"的"好老板"，尊重员工的意见和自主性，创造宽松的环境，不让员工"太为难"。另外，我觉得小微企业应当像水一样，"水无定势"，可以随需应变，不应当有太固定的制度，每个人都应当是"六边形战士"，所以分工定岗都很不明确，结果就像那名成员批评的，没有形成一个团队，而更像是一个团伙，很多人出去都不知道跟别人怎么介绍自己，因为干的事情很杂。再加上权责不清，要么事情没人干，要么一个事情两个人干，经常因为边界不清晰互相"打架"，整个公司形同一盘散沙。

所以，形成组织力的第一步，就是明确分工，让每个人都有明确的岗位，定岗定责。不要因为团队小，就觉得每个人都应该有三头六臂，什么事情都能应付，分工才能带来效率。经济学的起源就缘于，亚当·斯密发现，如果有了团队和分工，那么10个人差不多一天可以生产出4.8万根铁钉，平均一个人生产4800根，但如果不分工，可能一个人连10根都生产不出来。

明确的分工，也遵循了"椋鸟飞行"的第一原则——避免碰撞到其他个体。如果不做好分工，就很有可能导致很多事情没人干，很多人没事干，干事的人还得陷入跟别人扯皮打架的纷扰中。效率提不上来，遑论团队凝聚力了。

其次，团队要有明确的规则，"没有规矩不成方圆"。《史记》里记载过孙武将吴国国王的宠姬和宫女训练成军纪严整的战队的故事，就是因为其军法严明，无人敢违抗。

对于组织能力的建构，管理学者杨国安提出过一个"杨三角"理论，他认为，组织能力由员工能力、员工思维模式和员工治理方式三个方面组成。员工能力是解决会不会的问题，也就是说，员工具备的知识、技术和素质，是否能做出与组织能力匹配的决策和行为。员工思维模式是解决愿不愿意的问题，也就是说，员工每天最关心的、重视的事情，是否与组织一致。员工治理方式是解决容不容许的问题，也就是说，企业能不能提供有效的管理支持和资源，支持员工施展所长，实现公司的战略。

杨国安认为，这三个支柱缺一不可，且必须符合两个原则：一是平衡原则，三个支柱都要强，而不单是其中一两个强；二是匹配原则，三个支柱的重点都必须与所需组织能力协调一致。

以"杨三角"理论来看孙武练兵，孙武通过"员工治理方式"手段，解决了队伍中的"员工思维模式"，从而解决了员工的能力问题。

中国有句流传至今的古话是"慈不掌兵，情不立事，义不理财，善不为官"，虽然存在争议，但其内在的精神却有着穿越时代的力量。不论是大企业还是小微企业，创造和满足市场需求、不断提升经营能力才是目的，"对员工好"以及自己是不是别人眼中的"好老板"，并没有那么重要。如果老板仅仅因为在乎形象，不愿意择优汰劣，不愿意去监督、批评团队成员，不愿意得罪人，虽然团队表面上保持着和谐一致，实际战斗力却不堪一击，这样也不可能形成强有力的团队。

最后，紧盯细节，形成价值观和文化。价值观和文化的力量是最强大的，一旦接受和习惯了某种价值观和文化，就会形成习惯，甚至刻进 DNA（脱氧核糖核酸）。

我有一个朋友曾在抖音工作过，后来跳槽到了快手，但没多久就离职了，我问她："你觉得两家公司有什么不同？"她说了一个细节。在抖音工作的时候，她要约一个跨部门的会议，只需要在飞书上发起并且抄送她认为需要参加会议的同事就行。如果有同事不能参加，会在飞书系统内取消，全程无须一对一沟通。等到了约定的时间，赶到约定的会议室，在飞书系统没有取消会议的同事都会到场。

"我加入快手的第一周，发起了一个会议。快手也有类似飞书的内部办公工具，我在那个工具里确定了会议的时间、地点，也抄送了需要参会的同事，没有人在系统里取消参会。到了会议时间，我去到会议室，结果只有我的领导一个人来了，他问我：'你没有跟每个人打电话确定开会时间吗？'我才知道，在这里开会，是需要跟每个人都电话确定时间的。然后我一一打电话，果然有两个同事这个时间段没空，但他们没在系统里反馈。其他人时间可以，但也没有来开会。"

其实，快手是最早开始做短视频平台的，但最终却被抖音弯道超车，由第一名落到了第二名。互联网观察者潘乱在比较两家公司的差异时，认为快手是运营产品，而抖音运营的是公司，正是这个区别导致两者的发展出现了差异。他援引了字节跳动创始人张一鸣的说法"像做产品一样做公司"，快手的创始人之一宿华也在反思企业发展的内部信上说："松散的组织，佛系的态度，'慢公司'正在成为我们的标签。""一直以来，我们想成就一款伟大的产品，那么，现在，我们更想成就一家伟大的公司。"

从这样一个小小的细节，就可以知晓两家公司组织能力的差异。当然，快手后来也意识到了自己在组织能力上的欠缺，很快就把组织力这堂课补上了。但不无遗憾的是,正如潘乱撰文所指出的:"如果快手的组织能力和战略够好,能够有快速执行的能力,理论上今天抖音和火山的用户都该是快手的。"由此可见,组织能力的差异会给竞争带来多么大的影响。

而组织能力并非宏大命题,恰恰会体现在一些小细节上。像上面的这个案例,试想,我这个朋友如果每个会议都需要一一打电话核对时间,碰到有重要参会者时间对不上,还得重新打一轮电话来确定,那该是对组织效率多大的耗费,对于一个新人来说,可能半天的时间都得拿来打电话沟通什么时候开会了。

公司运营过程中,很多细节看似很小,但背后的问题其实并不简单。比如,很多人都知道的,如果哪个员工突然迟到、请假变多了,很大程度上就是想要离职了。有段时间,我们公司一些员工喜欢一起叫外卖,然后在一个会议室里聚餐,从中午12点吃到下午两三点还不出来。我了解之后才发现,原来是这几名员工跟公司某中层产生了较为严重的矛盾。所谓细节决定成败,而"魔鬼"恰恰都藏在细节里。

有观点认为,从企业生命周期和规模上来看,初创企业和小企业对组织能力要求不高,它主要靠创造人的个人领导能力。而对于处于成熟期的企业和大规模、业务多元化的企业来说,组织能力则比较重要,因为这些企业面临的内外部环境都非常复杂。

实际上这种观点很有问题。对于小微企业来说,不能因为小,就不重视组织能力的建设。在企业发展的任何规模阶段,都应该重视这一点。不说跟大企业竞争，即使跟同样规模的小微企业竞争，竞争对手也是多如牛毛，如果不注重发展软实力，很快就会被打败和消灭。

而且，在管理的有效性上，不分小微企业和大企业，小微企业有管理得特别好的，大企业也有管理得特别糟糕的。比如，从企业寿命上看，日本的百年企业有33076家，超过200年的企业有1340家，这些企业绝大部分都是小企业。春秋战国时期，卫国作为一个小国成功地存活了906年，而比它大得多，甚至曾多次称霸的楚国、晋国寿命都不及它长，这也跟卫国作为一个国家组织的治理能力有很大关系。

与打造现实的产品比，培养卓越的组织能力更为困难。一家小微企业，如果有幸产出了优秀的产品或服务，但组织能力没有跟上，那么，产品和服务回归正常值是必然会出现的结果。相反，即使一家公司当前还没有足够出色的产品或服务，但组织力是出色的，那么，将来产出优秀的产品和服务的概率也会很高。

做对事

13

先定好位，再开始做事

很多看似简单的事情，有时却是最难做的。比如，要一句话说清楚公司的定位，就是一件非常难的事情。

可能你不这么认为，但如果你是创业者，或者公司处于很早期的状态，可以尝试一句话说清楚公司的定位看看。

一般来说，找准定位需要 1~2 年，然后再用 1~2 年验证定位并且形成稳定的业务，所以周期一般不会少于 2~4 年。不排除有些创业者一开始就能找准定位，但也有些创业者可能直到把公司做败，都不清楚自己公司的主业到底是什么。

找定位难，是由多方面原因造成的。比如：

- 业务本身就不清晰，定位就更难清晰了；
- 为了迎合投资人，吸引求职者，向社会讲故事，用一些时髦的大词来包装定位，但缺乏支撑；

- 自己的认知并不能有效概括公司的业务，滞后于实际业务的开展；
- 创业之后觉得这也能做那也能做，业务做了一大堆，互相之间又不搭界，确实也没法找定位。

定位重要吗？当然重要。古语云："名不正则言不顺，言不顺则事不成。"定位错了，公司就容易出问题。

怎么确立公司定位呢？作为初创者，可以遵循下面这些原则：

第一，理性原则。保持头脑清醒，不要被社会的喧嚣带跑偏了。现在风口太多，一个又一个的风口之下，是成批摔死的没有飞起来的猪。近几年，一头扎进区块链、VR（虚拟现实）、共享单车、直播、人工智能、机器人等领域的创业公司不知道死了多少；痴迷于做平台，认为没有App（应用程序）就没有平台，在这个上面耗费了大量现金流的公司不知道有多少；认为没有技术和开发就不是创业，呼啦啦招揽来一支价格不菲的程序员队伍，拼命把自己往技术上靠，结果一地鸡毛的不知道有多少。

有的创业者，总觉得自己做的东西，如果不能跟一些时髦热词搭在一起，就不好意思拿出来说。造词很丰满，现实很骨感，创业者如果不理性，基于自己都不相信的概念去烧钱，现实就会狠狠把你打回原形。毕竟，创业没有美感，活下去才是硬道理。

第二，现实原则。正视现实，尊重现状。不要总觉得自己正在做的都是眼前的苟且，别人做的才是诗和远方。眼下正在做的，首先是被验证过的，一定有其道理。其次，很可能你的相对优势就在你目前正在做的事情上,做其他的,你反而不擅长。

有些创业者总是低估自己手头正在做的,而高估社会上正被热捧的行业。结果兜了一大圈,还是回到了自己最开始做的事情,过程中损失的时间、精力和资金不计其数。小微企业出现危机,往往不是因为老板格局太小,而是因为格局太大,大到其视野和能力都支撑不了。

我知道的一家做教育媒体的小微企业,本来做得很好,但创始人始终认为做教育媒体没前途,于是借了大量的钱投资在线教育公司,结果遭遇暴雷,导致血本无归。事实证明,这个创始人是个非常优秀的教育媒体创业者,却是一个缺乏眼光的在线教育投资人。

第三,简洁原则。简洁是最直接最有穿透力的。不论怎样,创始人都应该追求用一句话就能讲清楚公司是做什么的。一句话讲不清楚,要么说明这家公司定位不清晰,要么就是创始人没有定义清晰。

小微企业要做到定位简洁,有一个特别简单的办法,就是听员工怎么去介绍公司。中国人习惯问别人:"你在哪里上班?""你们公司是做什么的?",员工脱口而出的"我们公司是做＿＿＿的",这个空格里的表述,往往就代表了公司当下最简洁最精准的定位。

以现在遍地开花的创业型小微企业为例,如果问他们的员工,得到的回答有可能是"做电商直播的""做新媒体营销的""做短视频的""做设计的""做税筹的""做法务的""做共享自习室的""做MCN（多频道网络）的""做供应链的""做FA（金融顾问）的"……创始人把公司的定位弄得再高大上，员工也会一语破局。如果员工说，"我也不知道我们是做什么的"，那这家公司大概率定位是混乱的；如果员工说"我们什么都做，不知道重点在哪"，那这家公司大概率主业不清晰。

第四，独特原则。"一招鲜，吃遍天。"一家公司之所以能够存活下去，一定有自己的独到之处，哪怕这个独到之处再小，也是它立足市场的根基。仅仅是别人做了，所以自己也要做，就像共享单车兴起的时候，如果独特之处仅在于颜色，那几乎所有人都能预见到那些推出新奇颜色单车的公司的命运。

即使一个市场已经是红海，也能容纳下成百上千家中小企业。这些企业中，能持续存活下去的，一定有自己的独到之处。小微企业很少能独立于产业链而存在，它需要镶嵌在行业版图里，服务于其中的一环甚至一个小点。大的产业链如巨藤枝蔓，服务于任何一个小点，都能让一家小微企业活得不错。所以，小微企业怕的不是点小，怕的是平庸，没有特色。

我见过的定位比较独特的小微企业，有专门为互联网大厂做节庆礼盒包装设计的，有专门为明星艺人提供健身教练服务的，都活得挺不错。

独特原则，体现在公司定位中，就是"做"与"什么"之间能加的字。比如我们公司的定位，是"做数字内容产业报道的新媒体公司",我们是第一家定位于"数字内容产业"这个垂直领域做报道的新媒体机构,根据这个定位,确定了主业范围,就是只做数字内容产业的报道。对于整个传媒产业链来说,这只是非常小的一点,但也可以让一家小微企业立足了。

第五,应变原则。定位并非一成不变,当主业发生了变化,定位也应随之而变。小微企业的主业,要发生改变很难,但业务一旦有了突破性进展,进入了新的领域,就需要及时调整定位。比如,有家公司是基于微信公众号的排行榜起家的,在业务开始的那几年,在外人眼中,这是一家"新媒体大数据公司",但这家公司很快基于数据,开展了在线广告精准代理投放业务,并且成了主业,那这家公司本质上已经变成了一家"基于大数据的广告代理投放公司"。

就像美团,一开始是做团购起家的,人们会说它是团购网站,后来外卖业务成了主流,在人们眼中,美团是做外卖的。但因为美团业务庞大,还有到店、生鲜零售等业务,行内人需要更大的概念去涵盖它,所以找到了"本地生活平台"这一稍具专业色彩的词汇来定义美团,但普通老百姓听到美团,首先想到的还是外卖。

依据这些原则,确立了公司定位,你马上就能弄清楚:对内,接下来公司的人员构成应该是怎样的;哪些是业务部门,哪些是职能部门;各个岗位该怎么分工,销售应该面向什么客户群体;公司的产业特色是什么,应该往哪个方向努力。对外,这个行业的前景如何，会有多长的周期；行业的标杆公司是谁，它们做到了怎样的规模；这个行业将会出现怎样的迭代，该如何未雨绸缪；等等。

有个成语叫"纲举目张"，初创公司，工作千头万绪，但定位就是"纲"，抓住了"纲"，就能带动起方方面面。所以，初创公司的老板，在业务开展的头一两年里，需要每天逼问自己：我们公司的定位到底是什么。

一旦某一天，你可以无比笃定地告诉别人，我们公司是做××的，那么恭喜你，你的事业向前迈进了一大步。

14

厘清愿景、使命和价值观

使命和愿景，用人们常用的词汇表达，可以叫"发心"或者"发愿"，是指公司创始人或高层管理团队，从内心深处，生发出的愿望。

你不能说我的使命和愿景就是为了挣钱。就跟追求伴侣一样，你一上来就跟人说"我们结婚吧"，不但不太可能成功，还容易被人家说有毛病。

也许有人会说，我创办公司不是为了追求财富自由，那还受苦受累干吗？我的目的很简单，就是为了挣大钱，这不能成为创办公司的目的吗？

一旦这样的人真的成立了公司，他可能很快就会明白——挣钱不会是他创业的目的，而是结果。只有他公司的产品或者服务，能够被客户接受，给客户创造价值，客户愿意为之买单，他才有可能挣到钱。

将欲取之，必先予之，先予而后取，无予则无取，这是颠扑不破的道理。

创办企业，本质上是"先把事做好了，再顺理成章地挣到钱"。所以发心要落在"因"上，不能在"果"上。只有在社会有需求、市场有机会、客户有痛点的情况下，企业才能被创立和延续。如果发心在"果"上，眼睛只盯着挣钱，势必见钱眼开、急功近利，即使市场能提供挣钱的机会，也很难长久。

厘清公司的使命和愿景，比厘清公司的定位还难。

俗话说："有多大心，做多大事。"我总结出了三句话：一，发心很难；二，发大心更难；三，发大心还能心口合一，难上加难。

有人说，我就想开个公司挣点钱，没有初心可不可以？没有梦想行不行？看到社会上有机会，也不多想就一头扎进去，是不是也行得通？

行得通。《中庸》里说："或安而行之，或利而行之，或勉强而行之，及其成功，一也。"也就是说，有的人自觉自愿地去做，有的人为了某种好处才去做，有的人勉勉强强地去做，但只要他们最终都做起来了，也是一样的。所以创业不要那么执着于动机，发大心要改变世界的创业者固然值得尊敬，但千千万万小微企业的创业者，不论因何种原因参与进来，都是繁荣市场的有机参与者。

但这不代表不需要"发心"。因为，创办公司之后，在公司的运营过程中，创业者依然会不断被自己、同事、客户和社会无声地逼问：到底为什么要做这个？做这个的价值是什么？在被不断追问中，创业者最终形成的对这个问题的回应，就是他的"发心"。

"我们缩小信息鸿沟，让信息流动起来"，可以是媒体公司的使命；"我们要通过优秀的设计，让客户的产品更受欢迎"，可以是设计公司的使命。美团创始人王兴说，他花了整整一年，才想明白美团的使命是"让大家吃得更好，生活得更好"。我的一个朋友，入职了美团，说特别想找个机会跟"兴哥"说，这个使命不好听，都是大白话。我说你千万别去说，王兴想了整整一年才总结出来的，一定就是最合适的。

很多企业的愿景都是围绕"做大做强做久"来着眼的，比如在电商领域，京东的愿景是"成为全球最值得信赖的企业"，亚马逊的愿景是"成为全球最以客户为中心的公司，让客户能够寻找并发现他们可能需要在线购买的任何商品，致力于为客户提供尽可能低的价格"，阿里的愿景是"活102年，我们不追求大，不追求强，我们追求成为一家活102年的好公司"。

使命和愿景并不一定要分开，比如腾讯的使命愿景总结为了一句——"用户为本，科技向善"，帆书（原樊登读书）的使命愿景是"帮助3亿国人养成阅读习惯"。

使命和愿景是企业的精神追求，"求木之长者，必固其根本；欲流之远者，必浚其泉源"。对于企业创始人来说，企业的使命和愿景到底是什么，是需要不断去求索的。如果实在找不出来，无法让企业的存在上升到精神层面、价值层面,可能也就无法让员工找到自己工作的价值。

越是小微企业,越容易明确自己的使命与愿景,因为体量小、业务单一,很好概括。越是业务庞杂的大企业,越难概括自己的使命与愿景,只能不断上升到抽象的层面。

使命和愿景一旦确立下来,就不应该成为挂在墙上的摆设,而要深入到创始人的骨髓中,然后再不断外化,公开并且经常能得到重申,成为企业精神的指北星。即使企业再小,也必须有自己的精神追求和目标指引,才能砥行致远。

使命愿景跟定位有何区别?定位是确立你的企业是做什么的,使命和愿景是确立你要做成什么样子。

确立了使命和愿景,企业还需要有价值观。人如企业,企业如人,价值观就是企业的"三观",是企业的行事准则。对于小微企业来说,如果"三观"不正,是很难做下去的。

我的一个曾在马云身边任职过的朋友,有一天特别感慨地在微信朋友圈里说:"价值观看起来挺虚的,但是对一个组织来说真的很重要。做企业,需要拼人才,拼资金,拼技术,最后发现拼的还是价值观。你的任何一个业务决定,都跟价值观有关。"

作为小微企业,全面拥抱商业文明,正直行事,不违规、越线,特别重要。我在创业之前,就给自己立下一个规矩,"绝不做有可能让自己进'局子'的事"。所以,我把"大道直行"列入了公司的价值观中,要求全体成员"绝不行贿,绝不受贿,绝不给回扣，绝不索要回扣"，这也是对员工的保护。

创业几年下来，我也见到不少人因为在价值观上没有把控好，结果出了状况。一家互联网公司的公关总监，因为收受客户回扣而被判刑；一家新媒体公司，因为利用负面报道敲诈勒索企业，公司主要成员全部被抓；一家公关公司，给客户做"黑公关"业务，导致公司员工被抓。

所以，任何时候，都不要因为短期利益放弃了底线。

底线之上，很多企业还会把"客户第一"写进价值观。客户就是上帝，德鲁克说，企业的唯一目的就是创造客户。如果没有客户，企业就没有存在的理由。了解客户需求，解决客户问题，帮客户创造价值，这是所有企业的立足之本。

在底线和客户之外，价值观的表述就可以参差多态了，这主要取决于企业想要倡导什么。有些企业追求执行力，就会把"追求极致""使命必达"列进去；有些企业倡导坦诚，就会把"坦诚清晰"列进去；有些企业倡导协作，就会把"合作共赢""开放协作"列进去；有些企业倡导"热爱"，有些企业倡导"本分"，有些企业倡导"信任"，有些企业倡导"多元"，甚至还有企业倡导"不唯上"。

我们公司的价值观是16个字："大道直行，自我驱动，专业靠谱，坦诚开放"，这就是我们公司所有成员行动的指南。这16个字没有挂在办公室墙上，但我会不断强调，并且拿它来检视公司每一位成员，看他的行为是否符合价值观的要求。

价值观清晰的企业，内部结构也更清晰，不会出现特别严重的混乱。即使出现问题，拿价值观一量，绝大多数问题也就迎刃而解了。管理者，尤其是老板，是使命愿景价值观的第一践行者。他们的做法，将会成为团队的示范。

试想，如果老板中午不是出于业务目的，而跟朋友喝到醉醺醺的，回到公司，在沙发上呼呼大睡一下午，那么，即使每间办公室里都挂着"爱岗敬业"的价值观标牌，估计也不会有员工真的相信。

15

先追求成为正常的公司

很多创业者从创业第一天,就有一个想法——一定要创办一家理想的公司。这家公司最好是薪酬福利优厚,办公环境一流,企业文化宽松,以人为本,员工都热爱公司,每天带着兴奋愉悦的心情来上班。

这样理想的公司存在吗?也许存在,但我没见过。

对于绝大部分公司来说,从创立之初就会处在艰难的市场环境中,但很多老板不会这么以为,因为这时候他是极度乐观的,认为自己创办的必须是一家好公司。他就像那些自以为口袋里鼓鼓囊囊的人一样,到处写支票,以体现自己的慷慨与大方。比如:有节假日,一定要比别人多放假;有团建,一定要去国外;有股权激励,一定要免费发放。

还没学会赚钱,就学会了穷大方。

创办公司，首先应该追求做一家正常的公司。

所谓正常的公司，就是严格遵守国家政策和法律的各项规定、依法经营、按章办事、行事有据、不瞎折腾、有营收能力、能正常运转下去的公司。

为什么要追求成为一家正常的公司？先从我们团队曾经写过的一个创业者说起。这名创业者曾是一家著名媒体的高管，是位很有才华的媒体人和作家。他在创业后，他的同事这么评价他——

刚创业时，他就决定废除打卡制度。在他看来，记者和编辑都是7×24小时在工作，身处一个传播链条上，肯定每天都要干活，没必要用制度强行保障工作时长。有一天北京下大雨，他直接在群里说："还没出门的就不用来办公室了，雨太大了。"

好几个从原机构一起跟他创业的同事都说，他创业后并没有什么太大变化，同事们都很喜欢他。

"他一点领导架子也没有，也不是那种死板的人，不会给你太多压力，相处起来很舒服。"

"他总是处在一种放松自在的状态，好像对谁都无所谓，经常说，轻松点，别这么紧张。"

"他不喜欢说话，也不喜欢开会，每次开会才一会儿就说就这样吧，然后结束会议。"

"他对一切都很挑剔，倒不是说追求完美，但对事情的要求很高。如果你做不到，他也会很宽厚，不会逼你达到要求，但会让你接收到他有期望的信号。"

"他很调皮，从来不好好坐着，总是把腿翘在桌子上，或者盘在椅子上，有时候还蹲着。"

当时看了这篇文章，我的直觉是，这家公司恐怕办不下去。果然没多久，这家公司就没了声息，默默关张了。

直觉这么准，原因无他，是因为我知道，公司不是福利机构，不是你好我好他也好。做公司是需要带着一个团队，扎到市场里去拼杀，"成功背后无锦鲤，不死也得脱层皮"，创业这件事，既不从容，也不优雅，甚至毫无美感。

只有优秀的公司，才配谈人性化。一家不优秀的公司，应该首先追求怎么做一家正常的公司，然后再见贤思齐。首先根据国家政策法规，做到合规，再谈公司能给予的个性化福利。当然，这不是说正常的公司就不要人性化，只要狼性和奋斗，而是在没有成为正常公司之前，不要去追求非同寻常的人性化。就像还不能吃饱饭时，应该首先追求解决温饱问题，再考虑别的。如果为了面子上好看，一边饿着肚子，一边把萝卜雕花摆放成一盘菜，这没有任何意义。

即使像谷歌这样的公司，在日子过得舒坦的时候，曾经允许员工每周拿出一天的工作时间做本职工作以外的项目。但随着市场环境的改变，竞争加剧，谷歌取消了这样的政策，"地主家"也大方不起来了。

管理学家德鲁克说，企业的本质，即决定企业性质最重要的原则，是经济绩效。他说："企业活动可能会产生大量非经济成果：为员工带来幸福，对社区的福利和文化有所贡献等，但是，如果未能创造经济成果，就是管理的失败。"出色的福利源于出色的经营，否则就是穷显摆，或者华而不实。无论做什么企业，取得扎扎实实的经营业绩，让员工分享经营成果，这远比节假日多给员工放一两天假实惠得多。况且，从员工家属的视角来看，放假太早，他们可能还会嘀咕：是不是公司的业务不太行？

创业早期，我们公司也会追求团建去国外、给员工增加年假和其他额外福利，但后来我再修订公司制度手册时，把这些全部删掉了，改为按照法律法规的规定来。我在把这些修改的制度公示给全体员工时，写道："调整的总原则是，在自组织、自管理的基础上，按照国家相关法律法规的规定，成为一家标准的符合各种规范和要求的'正常公司'。"

开办多年，我们公司没有发生过一次劳资纠纷，更没有迟发过一次工资，哪怕是在疫情期间，我们办公地点所在的园区突然被封闭，发放工资的财务工具没能及时取出，我们依然想方设法，突破重重阻碍，仅仅迟了两天给大家发了工资。对于员工的管理，我们也一直都是在力争按国家法律法规办事，按契约办事。原因无他，就是先要追求成为一家正常的公司，才能考虑其他的。

16

每家小微企业,都该有本员工手册

国有国法,家有家规。小微企业在运行过程当中,也需要建立自己的规则制度。

有些人也许会有不同意见。小微企业就这么几个人,规则会不会成为一种束缚?大家一条心,挣了钱一起分,没挣到钱就勒紧腰带继续干,来小微企业不就是为了自由吗?为什么还需要制度?

这种想法大谬不然。越是小微企业,越没办法给员工提供安全感和稳定感,越需要通过建章立制来予以保障。

公司初创时期,即使再简洁,也一定要立下基本的规则,就像秦朝末年,刘邦带着军队进入咸阳,废除秦法之后制定出三条简单法令:"与父老约法三章耳:杀人者死,伤人及盗抵罪。"公司草创阶段,规章制度无须分类,也不用太详细,一条一条地列出来即可。最早的时候，我就是在电脑上列了"公司基本法五条"，往工作群里一发，就了事了。

这个"基本法"现在来看，更像是拟定公司价值观，内容包括：靠谱、有底线、有想象力、合作共赢，以及"快、专注、口碑、极致"，这是由小米创始人雷军总结的当时流传一时的所谓"互联网思维"。

随着时间的推移，这些制度越来越细化，并且需要分门别类，比如，薪酬制度、考勤制度、财务制度、考核制度、廉洁制度等。

时至今日，这些制度仍在不断地完善中，并且形成了电子文档，给每位员工都发放了一份。

由于这些文档不断在修订，即使跟员工做了同步，他们也容易援引不同的版本。一旦遇到问题，员工习惯去找行政人员去咨询，行政人员也经常能听到公司成员"规则不清、制度不明"的抱怨。

在我们公司成立的第三年的年底，有员工在给公司提意见时提出："希望公司的一些口头规定可以变成长期的制度，比如可以做一个员工手册。现在很多东西都糊里糊涂的，要问了同事才知道。虽然大家都很忙，但是感觉该实行的规则还是应该实行，这样给人的感觉也会比较规范。"

"员工手册"——这是一个精准且具象的提议，我一下就被这个提议击中了。于是，整个春节期间，我都在推敲，看怎么把所有的规章制度能制定得完善一些，最后印刷成册，让每名员工人手一本。

梳理规章制度的过程中,我恶补了相关法律法规的要求,在此期间,针对要撰写的条款,我会详细查询相关法律法规,再结合公司实际情况进行拟定。因为我要确保公司的规章制度是符合国家法律法规的,同时,还得从公司的实际情况出发。网络上虽然有各种版本的规章制度,但要想符合自己公司的实际,还是得一条一条亲自拟。

在拟定的过程中,我面临的主要困难是:我们是家小微企业,把公司的规章制度弄得厚如一本《新华字典》,大而不当,没有意义。而要写得简洁,又具有十足的实用价值,就必须既有概括性又有针对性,所以我不得不像一个法律工作者一样,字斟句酌,一个字一个字反复推敲琢磨,改了又改,才最后定稿。

我时刻提醒自己,建章立制的目的,不是为了让公司变得越来越有束缚感,越来越僵化,而是为了让公司能给员工提供更多的保障感、确定感。我的目的不是为了让管理处处显现,恰恰相反,是为了倡导员工的"自组织"和"自管理"。所以,我也力图在所有条款中,都彰显这一精神,尽量不画蛇添足。

定稿的"员工手册",第一页是"公司总则",我把公司的使命愿景价值观、公司定位、公司管理理念、工作方法全都列了上去,然后才是各项制度的集合。整个手册共12000余字,我确信,员工遇到状况后,翻阅手册,能解决99%的问题。

那还有1%怎么办?作为一家初创公司,总会遇到各种各样的新状况。所以我在手册里加了个附则，申明："本手册未涉及事项，暂按公司负责人的意见处理，之后由公司对手册进行补充和完善。"同时，我也做好了计划，准备每年修订一次手册。

我请同事精心做了设计和排版，几天后，当拿到印刷好的"员工手册"后，看着这本印刷精美、充满质感的手册，我对同事说："这就是我创办这家公司以来最大的成就了。"

之后，员工的埋怨声果然基本不见了，公司的规范性一下子获得了提升。

有次，我面试一个应聘者，她原来也在一家处于初创期的小微企业，说最不满意的就是公司没有成文的制度，规则混乱，不知道我们公司情况如何。我拿出一本"员工手册"，很自豪地告诉她："我们的规章制度都是非常明确的。"

有一年年底，又到了新一轮征求全体员工意见的阶段，收集上来的意见按照从多到少排列如下：

- 想和大家一起外出团建。（有员工说：日常团建究竟经费有多少，什么条件可以成行，目前好像还不明确，希望可以补充。）
- 坚持一对一沟通，促进交流。（一对一是由老板直接跟员工对话的制度，以前每月进行一次，但后来基本荒废了。）
- 希望能经常开展培训。
- 给员工一个更加可期、具体的上升空间预期。

针对上述意见，我发现，排名第一的是半数人提出的团建问题，在公司刚创办的时候，一直实行得比较好，因为后来遭遇疫情，员工的需求被我忽视了。基于此，我又拟定了公司的团建制度，确立了每年团建的次数、金额及相关规则，并把它纳入了新版"员工手册"中。

对于要坚持一对一、经常开展培训的意见，我也都落实成相关的条款，加入到修订后的"员工手册"中。

又过了一年，按照惯例，又开始征求全体员工的意见，这一次，他们提出的建议是：

- 希望上班时间可以是弹性的。（有人具体建议说，希望早上到达公司的时间最晚能到 10:00—10:30）
- 员工的培养方案可以更加明确，并且与员工进行同步及沟通，更高效地传达一些方向与调整。
- 希望多组织一些外出交流会。

基于上述建议，我又开始考虑调整考勤时间。原本，我们公司的上班时间是每天的 10:00—18:00，到公司超过 10:00 即为迟到，但不进行公司层面的处罚，而是让迟到者每迟到 1 分钟，就发 1 元红包到公司的工作群，由其他员工来抢。当月员工如有迟到，从迟到当日起至当月末不允许抢迟到红包。这样，也是为了实现员工考勤上的自我管理。

但因为疫情、上下班高峰期的交通状况，以及我们公司办公室在办公楼的高层，等电梯的时间较长，导致通勤时间不可控，到了月末，几乎公司半数的人都要发红包，所以员工们呼声较大。

基于此，我拟了三个方案，请大家投票。

- 到达公司的时间调整为 10:00—10:30，对应的下班时间为 18:00—18:30，早到早走，晚到晚走。超过 10:30 到公司视为迟到，迟到红包升级为 1 分钟 5 元。迟到超过 60 分钟，视为旷工半天。
- 上班时间调整为 10:30，下班时间调整为 18:30，避开电梯高峰期，超过 10:30 到公司视为迟到，红包为 1 分钟 5 元。迟到超过 60 分钟，视为旷工半天。
- 上下班时间保持原方案不变。

结果 90% 的成员选了第一个方案，于是我把该方案纳入到公司的考勤制度中，并且在新版"员工手册"中予以了明确。

就这样，"员工手册"经过两轮修订，已经到了第三版。

第三版印刷前，我们公司在这一年聘请了一位常年法律顾问，于是请她对公司的所有重要官方文件都过了一遍，她也对"员工手册"做了表述上的修订，以更加严谨和合规。

这本手册永远处于进化的状态，一年修订一版还将不断坚持下去。

17

管理理念来源于危机

我们公司现在的管理理念是:"精干、高效、同频、敏捷。"这是我在创办公司第 4 年形成的一套理念。

为什么会是这 4 个词？原因在于，在进入第 4 年时，公司在第二季度末遭遇了一场危机，员工离职了不少。

而员工离职的原因，是部分员工觉得公司比较温吞，企业文化不鲜明，没有进取心。再往下深挖，会发现团队成员能力不一致，有些员工的优秀程度达不到团队的平均水准，成了明显短板，导致了一些优秀同事的不满。

那段时间，我在备受困扰之余，也意识到，虽然公司最优秀的成员基本上都留了下来，但比较优秀的员工却看到了有水平一般的成员存在，从人性的角度出发，他们会更愿意跟能力一般的员工保持一致，而不是向更为优秀的员工看齐。公司能够容忍表现一般的员工存在，也就意味着能够容忍平庸。同理，公司有些岗位，工作量比其他岗位要少，这是由岗位的特性决定的，这样的岗位，缺了人不行，但如果仅仅只做本职工作，肯定没法做到工作量饱和。如果公司容忍工作量不饱和的岗位存在，其他人也会不由自主地对齐这个岗位上的人，而很难向更积极、努力、上进的同事看齐。

这一点也会存在"破窗效应"，就算团队只容忍了一个不合适的人，都会传递出一种信息，这种信息会导致不良的现象无限扩展。如果管理者对这个不合适的人熟视无睹，只会导致更多的团队成员成为跟他一样的人，也就是说，在纵容更多的人"去打烂更多的窗户玻璃"。

社会学家詹姆斯·威尔逊说："破坏无序的城市环境可能会助长犯罪行为，因为这样的环境会传递出违反社会规范的信号。"所以，哪怕再微小的失序的情况，也需要引起管理者足够的重视。

我们公司是做新媒体内容业务的，这种业务特性就是更强调个体的能力，而非团队协作的力量，在这种情况下，个体的能力到底如何，会更容易被看见。再加上团队规模不大，这种能见度就更高了。在这种情况下，员工的共同体会对每个个体都提出要求，即要求每个人都达到某一标准，才算合格的团队成员，如果达不到，对他们来说就不是一个合适的环境。

想到这些，"精干、高效、同频"几个词就在我的脑海里自然而然地浮现了出来。所谓"精干"，指能干、能顶事，眼中有事，心中有火;"高效",指效率高,必须每个人都高效才能整体高效;"同频"指保持差不多的节奏,否则忙闲不均,容易导致破窗效应。

有了这样的管理理念,根据能力和表现,我把团队成员分为三类:优秀、比较优秀、不优秀。根据岗位工作量的饱和度,我把团队成员也分为三类:饱和、比较饱和、不饱和。分完之后,我发现,公司员工中,不优秀的成员有两个,他们是团队成员中大家公认的水平不够的。工作量不饱和的成员有一个,所在的是设计岗位,我们公司有两名设计类员工,但设计工作量很少,有时候甚至会出现两个人一天只做一张图的情况。

我当机立断,对不优秀的员工做了辞退处理,然后分别跟两名设计谈话,根据他们的业绩表现和能力,裁掉了其中一名设计,把两个岗位合并成了一个岗位。后来,我又做出进一步调整,让设计岗位的同事把 50% 的时间花在设计工作上,另外 50% 的时间从事别的工作。

在员工出现较大比例离职的情况下,我不仅没有及时招人,反而对一些岗位做了优化。同时,根据员工的优秀度和敬业度,我大幅调整了薪资,让公司既能干又努力的成员,获得了相当幅度的薪酬提升。在接下来的一个多季度里,公司的面貌焕然一新,业绩也有了不小幅度的增长。

到了年底,有员工总结道:"今年公司最大的变化,就是在年中确立了精干、高效、同频的管理理念,希望公司管理能像这样一年一小变，两年一大变。"

　　同时，有一位骨干提出来，除了上述管理理念外，建议再加入"敏捷"，目的是加快运营节奏，随时调整方向，充分发挥公司船小好调头的优势。我在实践中也感觉到，公司再小，五脏俱全，一旦机构化，就常常会陷入按部就班的节奏中，缺少小微企业应有的灵活性。而敏捷，也就意味着公司必须容忍适度的失控，能够随需应变。

　　就这样，我们公司的管理理念最终确定为"精干、高效、同频、敏捷"。这个管理理念，不仅贯穿于我们的招聘录用环节，即以此为招聘的标准，确保一把尺子量到底，同时，我们也用这个理念来衡量员工的日常表现，看是否符合。

　　从上述的步骤来看，管理理念的形成，既来自经验，也来自危机。因为在危机中，我们更能明白自己需要什么。

18

一对一会议和参与式决策

要让公司治理得比较合意,上下能同频共振,我主要通过两种方式。

第一种方式,一对一会议。

管理者最需要的是信息。小微企业相对于大企业来说,最准确的信息往往来自跟员工的深度沟通。也就是说,随时能听到一线炮火的声音。

跟员工一对一交流,在小微企业显得尤为必要。

在小微企业,如果老板不能接近看上去离权力中心最远的员工,那这家公司的官僚化程度就太高了。小微企业本来人就不多,扁平化理应成为最大的优势,如果依然有员工觉得自己被冷落,那么肯定无法形成一支上下一心的团队。

但即使同属一个团队,也不是每天都能见面,就意味着必须有高效的沟通和交流。管理者应该避免两种情况：第一种是，跟有些员工太熟悉，打交道过多，要说正事的时候，难以区分哪些是正经需要说的，哪些是阶段性需要总结的；第二种是，对一些自己不直接管理的员工，平时虽然有打照面的机会，但只是点头之交，并不会做深入交流。管理者必须创造出一种制度，让正式谈话能够周期性、机制性地出现，力避上面说到的两种情况。

英特尔前CEO（首席执行官）安迪·格鲁夫所提倡的固定一对一会议，就是一种很好的管理手段。

在《格鲁夫给经理人的第一课》中，安迪·格鲁夫说："一对一会议通常是由经理人召集他的下属召开的，这也是维系双方从属关系最主要的方法。一对一会议主要的目的在于互通信息及彼此学习。经过对特定事项的讨论，上司可以将其技能及经验传授给下属，并同时建议切入问题的方式；而下属也能对工作中碰到的问题进行汇报。"

受格鲁夫的启发，我根据自己公司的情况，改造了一对一会议的内容，我做一对一会议的内容主要包括：

- 评估员工的工作状态，我会用1~10分为量度，请员工对当下工作的满意度打分。
- 如果员工的评分为7分，那么我会问员工，如果下次要达到8分，应该做什么。
- 请员工指出当前公司、其所在的团队及团队领导存在哪些问题，如果有改进的建议，也请其一并告知。

- 员工在工作上有没有遇到什么困难，需要获得哪些支持，有没有需要我给予帮助的。

从结果上看，并不是每一次一对一会议，我都能从员工身上收获有用的信息，也不敢保证他们每次都能从我的身上得到有价值的信息，但总会有些不错的收获。一对一会议对管理者最大的价值在于：

- 阶段性地掌握每名员工的情况，了解他们的想法和关注的重点。
- 从一对一会议中，发现哪些员工是有潜质成为公司的中坚力量并值得拔擢的。
- 增强了员工之间的信息互通，明白了彼此的目标和重点。

在刚开始进行一对一会议时，我总会急于表达一些观点。后来有员工给我提建议说，阶段性地面对面交流，上下级需要相互传输信息，那个时候，我应该更多是倾听而不是表达，因为我有足够多的机会去表达。

这个建议直接击中我的痛点，这样的一对一会议，员工并不是来汇报工作，而是来做阶段性总结，事关他的工作成就感和职场上存在的困惑。如果我以管理者的姿态出现，他们要么不敢袒露真正的心声，要么觉得自己说什么也没用，所以我不应该预设立场，而应该持空杯心态，认真倾听，并且设身处地地进行换位思考。

安迪·格鲁夫说，他把一对一会议视为下属的会议，应该由下属来负责会议议程及掌控会议的气氛，下属是负责准备一对一会议的最佳人选，"重要的是下属应负责提出潜在的问题，虽然问题可能不明显，但下属只要感觉事情有可能出错，就应该让上司知道，因为经理人可以趁机在组织的黑箱上开几扇窗，一探究竟。那些让下属觉得心烦或不知所以的事，便是会议中最需要讨论的事。通常这种问题都不明显，要花些时间才会浮出水面"。可见，安迪·格鲁夫的一对一会议，也是以下属为中心，而且不仅仅是谈工作，更多的是做好一个"集学生和教练于一体"的工作。

也有员工提建议说，下次一对一会议的时候我需要给出反馈，这样才能说明这个问题我接收到了，他的意见被我听进去了，且有持续不断的建议。

针对这个建议，我对员工在一对一会议中提出的建议都做了记录，并且在下次一对一会议中，会对他上次提出的问题给出回应，告诉他我的做法是什么，反之，我也会告知员工为什么没有举措。

慢慢地，这种一对一会议我做得越来越好，在年底员工提意见时，我欣喜地看到有员工写道："一对一会议很好，应该长久坚持下去，像这种工作方式我很喜欢，会觉得自己在这个公司是有价值的，很有成就感。"

第二种方式，增加"参与式决策"。

创办公司后，我在管理上经常遇到的一个问题是，有了战略思路，做了决策，但效果总是欠些火候。有时候我觉得特别重大的决定,即使反复宣讲和强调,但从员工反馈的情况来看,他们仍然没有充分认知。

为什么会这样呢?后来我想明白了,这是因为员工并不了解我决策的过程、依据、思路和逻辑,他们很难发自内心地认同被安排的目标,所以也就没法彻底地执行下去,更不会在过程中注入自己的主观能动性。

如果仅仅是"决策—执行"的二元模式,一定会出现效果上的衰减。如何才能充分激发员工的积极性,让他们发自内心地认同方向与目标,愿意全力以赴地朝着方向和目标前进呢?有个办法是有效的:把员工"卷入"到决策过程中来,我把这种"卷入"称为"参与式决策"。

一些重要决策,老板头脑里即使有了成型的方案,也不必直接抛出来,而应该从一开始就设置好路径,让跟这个决策有关的人士都"卷入"进来,一起思考决策的目标和路径,最终变成他们自己的决定和认知。

有一年年底做第二年的规划,我树立了一个目标,即公司最低要实现 20% 的营收增长。中间的一个基本思路是:我要把公司骨干们的收入跟增长挂钩,基本薪资则保持不变。

要有增长,首先中层们得努力奋进,如果没有增长,公司的利润变少,能拿出来分的也会少。这也就意味着,公司营收有增长,他们的收入才会增加;没有增长,他们的收入反而有可能会减少。

在确定要把营收目标跟中层的薪酬挂钩后,我开始跟负责薪酬的同事制定分红方案。我们在几种方案中反复推演，还是拿不定主意，也担心中层不理解，因为有增量人人开心，但做减法，不会有人感到快乐。

但这个决策又不得不做。没有增长就没有利润，公司必须聚焦于增长。我当时正好在看《蓝海战略》，其中一个章节说道："要把战略执行建成战略的一部分。"

我突然想到，我在这里反复推演，形成方案，最后公布给中层，他们会有认知吗？会觉得营收跟他们收入息息相关吗？会实现我的期待——不但要有业务思维，还要有经营思维，并且愿意为经营负责吗？

很明显，如果我直接抛给他们一个方案，他们很难明白其中的道理，我的反复推演，也难以收到想要的效果。也许我可以邀请他们一起来预估明年的营收规模，以及自己的薪酬收入情况。

想到这儿，我让负责制定薪酬方案的同事做了三张表。第一张是每位中层上一年度的收入总额，统计出他们上一年度一共从公司获得了多少薪酬。第二张表是公司上一年的营收总额，以及让他们对来年的营收做出预测，我在预测一栏里，分别标注了当增长分别为 10%、20%、30%、40% 时，公司的营收规模会是多少。第三张表，我邀请他们每个人预测自己来年的整体薪酬。

他们填写完表格之后，全都提出了疑问。一名中层员工说："第一次直接面对这个数字，很陌生，我甚至连计算自己收入的方法都不是特别清楚，经营方面的思维和方法工具都需要学习和补充。"

我立刻告诉他：收入＝固定工资＋绩效＋年底奖金。之后我让财务同事列表给予了更详细的说明。

其他人也没有做过这样的预测，他们看到这些表格和让自己预测薪酬数字时，多多少少有一些"震惊"。这些感受，是我后来跟他们沟通时，他们反馈给我的。

我对制作表格的同事说，还需要补充一个表，就是他们的收入构成表，这样可以让他们有更直观的感受，清晰了解自己的收入来源，以及未来的增量源于哪里。

他们对收入构成表并不陌生，每个月的工资单里都会清晰列明。但是，此前我们并不会在年底把各个单项归总，再列明比例。有了这个直接的百分比表格，他们对薪酬构成的清晰度又进了一层。

补充完了之后，我又对他们说："发给大家的调研表里，又新增了一个表格，是关于收入构成比例的表格，看这个表格能更清楚自己的收入来源于哪些部分。"我告诉他们：

- 可以去计算下奖金占收入的比重，因为新一年的激励主要是在奖金部分。大家就不要期待基本薪资能涨到多少了，这一块天花板很明显。
- 有增长就一起获益。在没增长的情况下，新一年年底能拿到手的收入，还不见得比上一年多。
- 既然是中层，跟收入相匹配的就是业绩和责任，业绩越高获益越多，没达标或业绩低就会变少甚至没有。

他们填完表格之后，接下来，我跟负责薪酬的同事，一对一跟每一位中层详细解释了这个方案的思路，并且鼓励他们瞄准最高目标去努力。这样，公司的收入能达到最高点，他们自己的薪酬也会跟着水涨船高。

从他们的反馈中，可以看出他们真正明白了"自己的收入从哪里来，能怎么增长，未来的可能性在哪里"。

古语云"上下同欲者胜"，但如何做到"上下同欲"呢？一方面，必须要跟每位员工保持充分而深度的沟通；另一方面，在做决策时，应该让员工深度"卷入"事关他们切身利益的决策过程，这样才有可能让公司整体达到一个较好的状态。当然，想让公司成员间真正沟通无障碍，凝聚成一个团结的、有战斗力的整体，可谓道阻且长。

19

凡事预则立，不预则废

　　管理学的开山鼻祖之一、法国工业家亨利·法约尔说，所有管理者都在发挥五种职能：计划、组织、指挥、协调和控制。

　　法约尔把计划放在最前面，说明了规划的重要性。

　　如果公司的业务形态较为稳定，那么规划一般都按年度来制订。制订规划时，首先要明确目标，尤其是营收目标。目标如何确立呢？管理学教授陈春花有一个观点我比较认同："目标绝对不合理。因为目标是一种预测，没有人敢说预测是合理的，而且目标其实是一种决心，你发誓要做什么，目标就会出来。目标其实是你自己战略的一个安排，决定你目标的是三个要素：你对未来的预测、你下的决心和你的战略想法。"

　　到年底，展望新的一年，你总会冒出一个目标，这个目标很可能是一个数字，比如销售数量、营收总规模、增长率等。有了总目标，其余就都是子目标了。接下来的工作是做拆解。如果先确立营收总目标，那么，主业要占多少，辅业要占多少，利润率要达到多少，产品或服务该如何优化，人员该如何配比，人效比要达到多少，如何激励团队实现总目标，就顺理成章地成了后继引申出来的问题。

如果认为把总目标一立，子目标一分解，年度规划就算做完了，那十有八九就真是在拍脑袋做决定了。

问题出在哪儿？出在没有论证过程。论证过程，就是给总目标这个"空中楼阁"架个梯子，看是不是够得着，推演的过程中，你也可以清晰地知道梯子的斜率有多大。

有时候拍脑袋拍得狠了，立下的目标即使在最乐观的情况下也难以实现，梯子的斜率接近90度，堪称天梯。这样的规划不具有可操作性，只是美好而虚幻的憧憬而已。

另外，立目标，绝大多数情况下肯定是增长目标，但在一个充分竞争的市场里，增长谈何容易？我们既需要有较强的战略决心，也需要有切实可行的战略路径，用这些来保障目标的实现。如果做规划时这些因素都不考虑，就跟军队要远征作战，却没有做好任何规划和后勤准备一样。

规划最关键的地方，还不在于目标，而是如何最大限度地提升目标实现的概率。这就需要管理者进行深度思考，把开放性的问题不断进行收敛，从而选择合适的战术方法，并做出相应的资源调配。

这些方法包括：
- 通过扩大规模来实现目标；
- 通过管理手段来实现目标；
- 通过产品或服务升级来实现目标；
- 通过非同寻常的战略路径来实现目标。

不同的路径选择，落实在战术层面，方法完全不一样，资源配置也会不一样。

比如，有一年，我们公司定下的营收增长目标是增长20%，面临的两个选择是扩充产品线和升级产品与服务。前一种选择，因为市场容量有限，扩充产品线，不见得能够带来营收的增长，同时也意味着招人建团队。一线城市人力成本高企，建团队也意味着大笔投入，不太可行，所以战略选择只能是后一种——提升产品和服务。

那具体该怎么提升呢？我发现，所有的内容产品，都存在"头部效应"，头部玩家能获得超额收益。既然如此，那为什么战略选择不放在"头部效应"上呢？所以，我在规划中确立的战略方法为："全面聚焦于头部效应，倾注资源打造头部品牌，实现头部溢价。"

落实到战术层面，我们重点做了下面的安排：
- 对内容产品团队扩容：由8人增至12人。
- 对产品进行分级：把内容产品分为S级、A级和B级三级，要求所有作品品质都不能低于B级。每月产出不少于两篇 S 级作品，每月产出不少于 4 篇 A 级作品。
- 同步提升其他方面：在团队的用户思维、产品思维、运营思维、品牌思维提升上，分别做了安排。

通过提升产品品质，实现口碑效应，然后再提高售卖价格，以此来实现营收的增长。这条路径是清晰的。当然，在这个过程中，同时也需要组织力的提升，需要管理层的战略担当。

规划做好后，最好再用 SMART 法则检视一下。所谓 SMART 法则，即：
- Specific——目标是明确的；
- Measurable——要弄成什么样，是可以衡量的；
- Relevant——跟目标是有相关性的，不是旁逸斜出的；
- Attainable——努努力是可以达到的；
- Time-bound——是有明确截止期限的。

如果整个规划逻辑通顺、切实可行，遇到的阻力也会小很多。规划成型后，不能束之高阁，要"藏璧在怀，经常拂拭"，经常拿出来对照检查，同时也要做好数据收集、阶段性复盘和优化。有句话叫"紧紧盯住，必有好处；盯住不放，必有进账"，对年度规划尤其应该这样。

20

盯紧产品、服务和现金流

小微企业的日常运营,有千头万绪的工作,但真正要盯紧的,是产品、服务和现金流。

产品和服务,是小微企业的立身之本,也是品牌的基础、复利的源泉,是企业自主发展的根本。

我曾经遇到过一位理发师,吉林人,他在北京一家连锁理发店工作。跟其他理发师不一样的是,第一次理发,你会感觉他在善待你的每一根头发,以后每一次都是如此。其他理发师给男性理发,可能20分钟就完事了,他花的时间至少要多一倍,而且价格一样,总让你感觉自己享受到的是VIP服务。他专注于把头发理好,给顾客提供最佳服务,似乎天性就是这样,而并非刻意为之。

后来,我只预约他,完全不考虑接受其他理发师的服务。再后来，我把全家人都介绍给他理发。再后来，这位理发师创办了自己的理发店，而投资人是他的顾客，种子用户也全是他的老客户。而且，他并没有主动联系这些老客户，而是老客户发现他不在那家连锁店后，纷纷打探他的行踪的结果。

目前，这位理发师旗下有4家连锁店，但他依然会善待顾客的每一根头发，只是价格翻了好几倍。他在北京买了房，在河北买了别墅。而我认识的其他在北京工作的理发师，基本上只在北京工作一两年就回老家了。

这位理发师其实什么也没做，除了专注于自己能提供的服务。

但有些小微企业不是这样的，它们的设立和运营，偏离了"产品和服务"这个根本。

曾经有个朋友来找我咨询，他在某大公司有个担任高层的亲戚，亲戚授意他设立一家公司，表示可以把一些业务"转包"给他来做，当然，他的这个亲戚也提出了明确的利益诉求。

我直言相告"不可行"，原因在于，这个朋友目前有一份稳定且收入不错的工作，放弃这份工作，去成立一家承接亲戚转包的业务的公司，且不说是不是有"灰色交易"的风险，如果这家公司的业务发生了调整怎么办，又或者，公司业务没调整，但亲戚的岗位发生了变动怎么办？

"这家公司设立的逻辑有问题，很难长久。"我跟他说，成立一家公司，逻辑顺畅是根本，要有面向市场的持续生存能力，而不是依附于谁，尤其没必要以身犯险，放弃现在不错的工作。

有些小微企业，完全以销售为导向，有什么做什么，东一榔头西一棒槌，完全没法形成积淀。在我创业之后，一些熟悉的朋友很是支持，给了我们一些项目，一开始我的积极性特别高，因为可以拓宽现金流。但做了一段时间后，我发现，这不是长久之计，不应该把五花八门的项目当作公司的立身之本，而应该找到相对比较长期的、可以产生品牌价值和复利效应的业务，才有可能做得更长远。所以，接下来，我把业务做了收敛，不再承接项目，而是全力开展数字内容产业的报道与研究，并形成了固定的商业模式。

还有些小微企业，尤其是面向大公司提供服务的小微企业，更愿意通过关系去获得机会。这样做容易导致很多问题。比如，业务不可持续，有一单是一单，每一单都像是"恩惠"，公司人员一调整，这种"恩惠"可能就很难获得。凭借关系也容易"走偏"，比如需要给回扣、给返点等，这些不正当的交易不出事则已，一出事，就有可能遭遇牢狱之灾。

前文说过，我对自己的要求是创业绝不干违法乱纪的事情，同时要求全公司成员"绝不行贿，绝不受贿，绝不给回扣，绝不索要回扣"，甚至包括我和商务同事在内，这么多年来，没有因为业务喝过一次大酒。我还明令商务同事在谈业务的饭局上不得喝酒，我自己也从不会带着商务同事去参加酒局，更不会有意带上能喝的同事帮我去酒局上"大杀四方"。

所以，在内部，我不断强调，要想走正道，要想不跑偏，要想正正经经做业务，清清白白做人，没有任何捷径可走，唯有始终盯紧产品和服务，用产品和服务来赢得市场机会。

在面对低谷和诱惑的时候，我们也始终告诫自己，不要放弃原则，不要急功近利，要始终紧盯产品和服务，持续优化和改善。如果客户不选择我们，就意味着我们的产品和服务要么水准不够，要么创新性不够，没有任何其他理由。所以，产品质量下滑的时候，才是真正让我着急的时候。

幸运的是，我们这种理念和价值观也获得了很多合作机构的认可，他们对我们的品牌形象和产品给予了肯定，并且与我们持续保持着合作。

现金流对于小微企业来说是生命线，直接关系到一家企业真正重要的问题——员工的薪酬、公司的房租和运营经费，这是企业管理者需要时刻警惕的问题，也是老板从创业的第一天就需要关心的问题。海子说："从明天起，关心粮食和蔬菜。"对于企业管理者来说不行，从今天起，就得关心粮食和蔬菜，这在逆周期中尤其有必要。

在逆周期中，周期比较长的投资风险相应会变大，所以企业创始人如果不是特别笃定，应尽量先把产生收入放在第一位。

我的一个朋友，在新冠疫情期间失去了工作，想要创业做自媒体，希望我给一些建议。我告诉他，至少得做好半年没有任何收入的准备，评估一下手头的现金是否能够保障他做自媒体创业。他说自己可以把物质需求降到特别低的水准，结果不到3个月，他就去重新找了一份工作。

　　小微企业什么时候都应该留足至少 6 个月的现金储备，以备不时之需，在遭遇"黑天鹅"或"灰犀牛"事件时，不至于太快陷入险境，或者在陷入险境之后没法"收场"。新冠疫情三年，之所以那么多小微企业关张，很多就是因为现金流中断所致。如果现金流不断，保持最小成本运营，还有可能等来生机。反之，现金流断了，创始人很快就会面临要不要举债甚至卖车卖房救公司的艰难抉择，那就太被动了。

21

再难也得做绩效评估

安迪·格鲁夫在《格鲁夫给经理人的第一课》中写道:"再难也得做绩效评估。"

有一年,因为团队人员更迭严重,我原本不想再做绩效评估,正是因为看到这句话,才坚持了下去。

绩效评估就像上学期间的考试,在学习过程中,老师和学生都会关注知识掌握得怎么样,解决问题的能力是否具备,谁是班上最优秀的学生,班级整体水准处于什么位置。

没有评估和反馈,就不会有进步,也不会有结果。所以,需要认真考虑安迪·格鲁夫的建议,再难也得做绩效评估。

绩效评估,一方面能收到阶段性地总结和思考的效果,看看团队和团队成员是否处在正确的轨道上,哪些做得不错,哪些需要提升;另一方面,也能够让升职加薪等利益分配有依据,起到奖励先进、激励团队、警示或惩罚后进的作用。

绩效评估的难点在于，不论面临何种境况，都必须保证公平贯穿始终。公平应该是绩效评估的第一追求，因为绩效评估的目的就是通过公平的手段来奖优罚劣，如果反而造成了不公平，绩效评估反而会大大影响团队氛围，进而影响接下来的绩效表现，甚至导致员工离职。

除了裙带关系、利益交换、人情分等尽失公平的做法，不公平的绩效评估还包括：

- 评估条款设置不全：如果评估条款只重任务绩效，不重团结协作绩效，就有可能导致一个工作上表现很出色，但在日常工作中喜欢霸凌同事、诿过于人的员工脱颖而出，成为被团队表彰的对象。
- 绩效评估指标权重失调：常见的如把员工自我评估部分的权重设置得较高，导致评估结果跟团队成员的普遍认知差别过大，平时表现一般的人反而评分较高。
- 部分员工缺乏正确评估观：绩效评估一般会包括同事打分，有些员工会随意对待，要么都打高分，要么都打低分。有些则会事先商量，彼此给对方打高分，从而造成不公平的结果。

上述所有问题，都在我们公司的绩效评估中出现过。我发现绩效评估中经常会出现这些现象：

- 越是表现优秀的员工，自我评分越是公允。反而有些表

做对事　123

现欠佳的员工，却会在自我评估中给出接近完美的评价。表现欠佳的员工，也更容易跟其他同事商量互相给对方评高分。这也很正常，从统计学的角度来说，必然有一半的员工绩效水平低于平均水平，但有数据显示，高达 75% 的员工会认为自己的绩效水平高于平均水平。

- 公司行政、后勤、设计等属于"中台"部门的员工，往往容易获得更高的分数。而在业务一线的员工，在得分上往往会低一个档次。原因不难理解，"中台"部门的员工给公司其他人支持较多，所以更容易获得好评。
- 互相评估时，同事之间的相互评价往往会比较宽松。如果在匿名的情况下，甚至会出现不负责任的打分，比如全都打满分。在实名的情况下，客观性会提升很多。
- 如果自评部分权重较高，结果一定会显失公平。所以自评部分权重不宜超过 20%。

因此，绩效评估在评估前、评估中、评估后都需要做很多细致的工作。

评估之前，最重要的工作自然是设计一个既科学又客观，同时也比较合理的评估表。评估项目的设置，需要追求评估维度的全面性，既考察工作绩效，也考察价值观落地情况。

在设置指标比例时，也应追求比例的合理性。公司最重要的还是业绩，让其他指标的比重超越业绩是不合适的。但正如前文所言，评估也不能光看业绩，如果一名员工业绩出色，却是团队里的"坏狗",对这种不但不应该奖赏,反而应该清出团队。

在评估前,也有必要组织召开专门的评估动员会,讲明评估的目的,要求每名参与评估者都应秉持实事求是和公平公正的态度给自己和同事打分,并重点强调评估纪律。我们公司规定:"严禁互相商量打分,一经发现,取消参与评估的资格,并且做出停止升职加薪一年的处罚。"

提前宣讲规则和纪律,评估结果的公正性就会得到大幅提升,要是评估项目和打分权重也设置得比较合理,这样的评估结果就基本能够保证公平。

当然,只要是绩效评估,就不可能有绝对的公平存在,只能做到相对公平。

评估结果出来后,一般都会进行分档,比如按绩效结果排名,分为A、B、C、D四档。排名靠前的A档员工值得奖赏,排名靠后的D档员工,要么只能获得最低档奖赏,要么需要督促其提升业绩,甚至进行处罚。

接下来,需要针对评估结果,给员工一一反馈。

反馈不能单纯地告知员工评估结果,最好是更加细化。比如,即使是最优秀的员工,领导和同事给他评分时,在不同的项目上也一定有高有低,他在哪些方面在别人眼中表现得优秀,哪些稍有欠缺,都需要详细做出反馈。

就像学校模拟考试后老师一道一道过题一样,反馈时也应该一个点一个点地反馈。笼统的反馈等于没有反馈,如果反馈更加细化，对被评估对象而言也更有参考和借鉴意义。

我们团队有名表现非常优秀的员工，绩效评估中，领导和同事们给她的评分都不错，但其中一项"团队协作"，得分比其他项低，而这正是她需要改进的地方，因为她将要被提拔带领一个团队，如果团队协作能力差，带团队的效果可想而知。所以，在反馈时需要重点在这方面做强调和提醒。

整体来说，应该把绩效反馈会设计成咨询会，而不是评判会。因为绩效评估的最终结果，是为了获得更好的绩效。做成咨询会，将会更有利于帮助团队成员达成更好的绩效；做成评判会，则容易让团队成员沉浸于过去，而不是着眼未来。

22

变革可能会死，不变革一定会死

有句话说："你要非常努力，才能留在原地。"确实，世界变化很快，需要全力以赴才能跟上，否则就是逆水行舟，不进则退。

对于企业，人们看惯了"城头变幻大王旗"，今天还是全球知名的王者，没几年就陷入破产或者落到被出售的境地。虽然很残酷，但这是产业演进的必然。世间万事万物千变万化，唯一不变的就是变。一个繁荣的市场经济中，绝不会容许业态一成不变。比如手机，大规模普及才20多年，领军企业已经换过不知道多少家了，从摩托罗拉、诺基亚，到黑莓、索尼、爱立信，再到苹果、华为、小米，等等。

大企业如此，更别说小微企业了，业务更新迭代只会更快。

小微企业很难做成技术变革的引领者，甚至连参与者都没法做到。小微企业能做的领域要么是大企业或大机构没法满足的市场需求的缝隙，要么是直接面向大企业或大机构做服务。这不代表小微企业不需要去关注技术的进展或社会趋势的改变，如果跟不上时代潮流，注定要被淘汰。

正如《易经》所言，"穷则变，变则通，通则久"，变革的能力，是小微企业管理者必须具备的能力。

有些企业主可能会觉得，我经营得挺好的，为什么要变革？当他这么想的时候，可能隆隆的炮火声，已经出现在了他疆域的边境上。等到他再想转型的时候，已然来不及了。

有时候企业的死亡并非一个漫长的过程，而是猝死。比如传媒行业，曾经多少风行一时的传媒公司，在移动互联网出现之后，前一年还是赢利的，下一年就变成了亏损状态，最终不得不关门了事。

现代管理学之父彼得·德鲁克说："几乎所有危机的根源都不是经营不善，甚至也并非存在错误。事实上，在大多数情况下，人们的所作所为是正确的，但又毫无收获。我认为弊端的症结在于，作为一个组织建立及运作的那些基础假设条件已经不再适合当今的实际。"德鲁克的意思，简而言之就是，世界变了，必然会产生新的生存危机。

达尔文也说："自然界生存下来的，既不是最强壮的，也不是最聪明的，而是最能够适应变化的。"科学研究发现，随着全球变暖，气温不断升高，动物们也正在发生变化，它们的喙、四肢还有耳朵正变得越来越大，目的只有一个——增加散热面积，适应新的变化活下去。

如果不能快速适应外界的变化，谁都会被淘汰。

但谈变革容易，要变革成功极其不易。传统媒体遭遇困境后，有一次，我跟财新传媒创始人胡舒立谈起这个话题，她有个阐释我非常认同：传统媒体二次售卖的商业模式（把新闻卖给读者，把由此形成的影响力卖给广告商），是经过上百年实践才确立下来的经典商业模式，现在这个商业模式被打破了，要重建新的商业模式何其困难。财新传媒也是经过长期的摸索，才最终找到了"付费订阅"这一商业模式。

胡舒立可谓一语中的，直指成功变革的艰难之处。就像一个人转变职业赛道一样，要转容易，一次跳槽可能就转了，但要真正转过去，转成功，很难。

这也是为什么朝代更迭的时候，总要经历一段混乱期。旧秩序打破不难，但要建立新的秩序很难。

我们公司办公地所在的建外SOHO，位于北京市永安里地铁站附近，这个楼盘是由地产商潘石屹于2002年开始开发的。我第一次来建外SOHO，是为了见一个朋友，他在这里的一家SP公司上班，SP是Service Provider的缩写，主要业务是给当时刚刚兴起的互联网做内容服务。当时正值SP公司如火如荼，朋友告诉我，这一片全是这种类型的小微企业。

而当我们公司2020年搬到建外SOHO时，这里一家SP公司都没有了，取而代之的是新媒体公司。可以想见，当下火热的新媒体公司，也会跟当年的 SP 公司一样，都会遭遇转型的压力，最终的结局，要么是关张，要么是主营业态彻底发生改变。

没办法，产业转型升级的浪潮来临时，如果不想关张，唯一能做的就是变革。

所有的变革都存在巨大风险，而社会又逼着企业和人不得不进行变革，这种矛盾，正是社会得以进步的原因。有些人总想管理和控制变革中的风险，那他可能是低估了变革的难度，所有能预知和控制风险的变革都不可能是真正的变革，因为变革需要面对的是不可预知的挑战。

人人网的创始人陈一舟也曾说过："转型比创业难，上市公司转型比上天还难。"如果变革不难，企业的死亡就会变成小概率事件，基业长青的公司会成为市场的主体，但很明显，实际情况不是这样的。

变革既然不可避免，小微企业管理者就应该欣然拥抱，没必要躲避和排斥，就像米兰·昆德拉说的，"永远不要认为我们可以逃避，我们的每一步都决定着最后的结局，我们的脚步正在走向我们选择的终点"。巴菲特也曾说过："在拖拉机问世的时候做一匹马，或在汽车问世的时候做一名铁匠，都不是一件有趣的事。"

有一年，我们公司做多元化的尝试，把业务分为四块，变成工作室制。经过一年的经营，四个工作室失败了两个。

在总结的时候，我告诉团队："我不觉得我们没有成长，首先我们对架构有了新的认识，其次我们对成本收益赛道的认识也有了提升。公司发展到一定阶段就得去探索，哪怕碰一头包。如果不去尝试，守成是不可能的。这次尝试，也让我们在组织文化、组织效率、组织人效上有了新的认知和升级。探索未知海域，不知道会遇到暗礁还是冰山，不知道会碰得鼻青脸肿还是船沉人亡，但我们必须出海，必须去尝试，必须去变革。"

  我也希望让团队知道，变革可能会死，但不变革，就一定会死。

23

如何面对逆周期

小微企业会在经济下行中大批死亡,这是不争的事实。

在新冠病毒肆虐期间,疫情导致的经济逆周期,使得社会经济的多个领域都进入 hard(困难)模式。小微企业抗风险能力本来就弱,疫情一来更是首当其冲。

对老板来说,在逆周期中管理企业更为不易。经典教材《管理学》里也说:"萧条时期一次又一次表明,当面临不确定性和混乱时,激励员工非常具有挑战性。"经济繁荣的时候,管理粗放一点,不会有什么大问题。市场活跃、情绪乐观的形势下,即使活得没那么轻松的小微企业,也有喝汤的机会。但在逆周期中,小微企业稍有不慎可能就会陷入濒临倒闭的境地。

逆周期对小微企业的打击是多重的:直观的是营收上的,间接的是业务上的,隐秘的是团队人心上的。

营收上小微企业有可能遭遇断崖式下跌，直至亏损。"先是每况愈下，然后一泻千里。"企业很难死于其他问题，但会死于没钱。亏损就像一个汩汩冒血的伤口，如果不能及时缝合，企业就有可能因失血过多而死。所以，处于逆周期时，必要的业务收缩势在必行，减薪甚至裁员也非常有必要，目的是活下去。

收缩业务，要首先力保主业，视情况收缩探索型业务。探索型业务往往承担着寻找第二曲线的重任，但第二曲线也意味着市场不够成熟，仍需要培育，业务也不够明朗，仍需要摸索。在逆周期中，不够成熟的业务往往没法承担起"养家"的重任，反而会导致亏损的窟窿继续扩大。

老板在这个时候往往面临两难，因为前期已经投入了不少成本，总觉得熬一熬可以熬出头来。这个时候一定要有清醒的认识：投入的成本是沉没成本，继续投，情况只会越来越糟糕。如果不能笃信可以熬出头来，"损失厌恶"只会让窟窿越变越大。

在裁员的问题上，小微企业面临的困境在于，本来人员就不多，如果继续裁员，就剩不下几个人了。所以，裁员一定是迫不得已的选择。但作为老板，需要认清楚的一点是，即使团队成员并不多，但在绝大多数情况下，对比团队规模和业务总量，冗员一定是有的，适度地裁撤一些岗位，并不会给团队带来不利影响，反而能提升整体效率。

即使当前现金流很充沛，公司也一定要做出应对，这体现的既是对经济周期的尊重，也展示了一个团队的应变能力。事实无数次证明，当危机来临的时候，如果表现得无动于衷，反应迟钝，要么后面会有更难受的情况在等着，要么组织应变能力弱这一缺陷最终给团队带来伤害。企业要想生存下来，最重要的是对于可获得的信息做出合理的回应。

营收下降的同时，业务也会转淡。对此员工感受最明显，首先是工作量的下降，没那么多事情需要他们去跟进了；其次，他们的绩效收入也会下降，即使付出比平时更多的努力，想获得跟原来差不多的收入，也没法实现。工作节奏的变缓和实际收入的降低，会让人非常不适。

营收下降，业务转淡，又会影响团队成员的情绪。当来自内外部的不利消息像呼啸的寒风般袭来时，他们内心的安全感也会直线下降，不确定感、焦虑感会迅速上升。

这个时候，承压最大的是老板。"生活是关于10%发生的事情和90%的反应"，别人可以恐惧，老板却不能自乱阵脚，而是需要打起十二分精神，来面对下面的抉择——

- 当危机来临的时候，是坦诚地告诉团队成员当下面临的困境，还是自己一个人扛下所有，让团队继续一切如常？
- 当危机持续进展的时候，是忍受亏损，等待不知何时到来的行情转好，还是迅速采取行动，进行减薪、裁员，或者业务裁撤，并接受接下来团队的动荡？
- 当营收不理想的时候，是给本就因经济形势不佳而承压的团队更大的压力，还是接受大环境糟糕的现实，给团队更多的包容？
- 当业务转淡后，是想方设法让团队保持忙碌，还是能够容忍他们少做一点，放松一下？

所有这些都是难点，都比在经济繁荣时期处理起来难度高很多。任何一个决定，都有可能会让本就不那么理想的内部环境更加恶化。

在逆周期中，老板该不该坦诚地告诉团队成员当前的局势及公司的现状？在我看来，是应该的，整体来说，这样做有利的一面在于：

- 逆周期中，如果你的公司也被波及，却装作视而不见，团队内部的猜测和议论会增多，员工不再聚焦于业务，而会专注于分析行业、公司及自己的处境。
- 如果前期不做铺垫，后期必须要做决定（如减少福利、减薪、裁员等）时，带来的震动会更大。前期做好铺垫，让员工充分了解公司内外的信息，至少充分保障了员工的知情权。
- 适度告诉员工当前形势和公司状况，让员工也肩负起使命和责任来，跟公司一起"共克时艰"，激发起他们的责任感和使命感。

不利的一面在于，普通员工中，部分人工作资历较浅，对环境恶化的耐受力不高，告诉他们可能会扰乱他们的心绪和节奏。另外，也有一部分员工本就无须承担经营压力，告诉他们同样会传递不必要的压力。

所以，告知同样是需要技巧的，对小微企业的老板来说，这种沟通，最好是通过分层和一对一的方式，从而确保沟通到位，同时及时掌握团队成员的整体情绪动向。

在三年新冠疫情期间，我的做法是：

- 对于中层，多跟他们开会，充分告知行业的形势有多艰难，预估这种艰难会持续多久，我们需要调整的地方是哪些，有哪些机会是被我们忽略的，有哪些机会是我们可以去开拓的。目的在于，一方面让他们充分看到形势的危急；另一方面，在中层形成统一的认知，避免出现认知的不同步。
- 对于其他员工，我不会像对中层那样，反复强调形势有多糟糕。在我看来，告知中层就够了，他们工作经验更丰富，承压能力更强。但我不希望团队里所有人都人心惶惶。
- 通过一对一的方式，跟每一位员工谈话，进行问题设置，了解他们对当下形势的看法。对于忧心忡忡的员工，帮他们客观理性地分析形势，让他们看到形势向好的一面，重点在于传递信心；对于过于乐观的成员，告知其当下行业不那么乐观的形势。
- 对于公司每一个成员，我都会不断强调：公司正在跟他们一起经历着艰难时刻，在这个时候，需要团队中的每一个人都承担起自己的责任来，不能"等靠要"。每个人都需要更振作，同心协力，共渡难关。

- 鼓励团队成员之间进行更为充分的沟通和交流，坦诚地分享自己的忧虑、困惑。我认为，越是在这样的形势下，越需要创造出互相支撑、守望相助的氛围来。

同时，我也在公司内部加强了学习和培训。中国有句古语叫"晴耕雨读"，在特殊时期，正好可以充电，提升团队的认知能力和业务水准。所以，在那段时间里，我比平时更重视培训，不仅会精选外部讲师到公司来分享，也会带领公司员工走出去，去别的机构座谈和学习。

在这个过程当中，团队成员既能获得学习的机会，也可以通过这种方式更多交流，彼此间相互支撑感更强。

24

不要既降薪又裁员

稻盛和夫的自传里有这么一段话:

> 1974年初,石油危机造成订单锐减,给公司带来了严重的打击,导致业界大范围的裁员和停职待工,而京都陶瓷也不得不实行减薪的措施。但是我们公司高举"追求精神和物质两方面的幸福"的经营理念,创业以来,就有全公司团结一心同甘共苦的传统。所以,我们的宣言是,整个公司同呼吸共命运,绝不裁员。

当时看到这里我觉得做到这样真了不起,但后来了解了一下,发现日本企业在20世纪70年代基本都是实行终身雇佣制,在那个年代,日本几乎所有遭遇石油危机的企业,都跟京都陶瓷的选择一样——不裁员。

2000年以后，日本的终身雇佣制受到冲击，坚持这一雇佣方式的企业已经是凤毛麟角。而且，在技术发展、产业迭代如此剧烈的时代，企业能够活上三四十年，也很不容易。

这几年因为逆周期，裁员的消息不绝于耳，大家也慢慢习以为常了。以前，裁员总容易被妖魔化，一旦哪家公司传出裁员的消息，大家总觉得这家公司肯定要完了。现在，大众的接受度大幅提升，裁员就跟离职一样，已经成为企业经营管理中常见的现象。如果遇到经营困难，企业需要开源节流，降薪或裁员是非常常见的选择。

降薪和裁员，都会影响团队士气，那管理者该怎么选择？

最差的选项当然是既裁员又降薪。除非公司遭遇极大的困难，非如此不可，否则尽量不要这么做。我见过一家公司这么做过，老板说，既降薪又裁员后，员工的士气变得非常低，剩下的员工也纷纷选择了离职。

两者取其一的话，有的管理者可能会想把整体薪酬的盘子减下来，不裁员，只降薪。看上去，降薪似乎没有裁员动静大，实际上反而可能是在"两害相权取其重"，原因在于：团队里有优秀成员和一般成员，如果怕裁员影响团队，给大家普遍降薪，这对优秀成员不公平。况且，普遍降薪的话，对优秀员工来说，薪酬很可能不再具备市场竞争力，他们也有可能会选择离开。而留下来的，是那些市场竞争力不够的员工。

所以，如果有得选的话，宁可裁员，不要降薪。一般来说，团队里总会有冗员。大企业员工喜欢说："我们公司砍掉一半的人，照样能运转良好，说不定还会更好。"小微企业即使人手紧张，也总能找到冗余的人员。

为了鼓舞士气，不但不能降薪，企业在有余力的情况下，还可以考虑对现有员工加薪。这一方面是为了鼓舞士气，另一方面，员工减少了，意味着留下来的员工的工作量增加了，加薪也是应该的。

跟降薪比，裁员对被裁的员工就一定更坏吗？也不一定。很多时候，被裁员工在你的公司里发挥不出价值，并不代表他们不优秀，也许只是公司环境的原因导致他们没有发挥出来而已，强留着他们，实施降薪，只会进一步降低他们的收益，耗费他们的比较优势。在一个就业机会充分的市场里，被裁员工换一个环境，也许能找到更好的成长机会。

只要是依法裁员，企业给员工提供充分的保障，如果他们能够在短时间内顺利找到工作，还会因此多出来一笔收入。

裁员的时候，管理者还需要注意的一点是，需要尽量照顾好员工的情绪，不要有意无意给他们贴上"失败者"的标签。事实上，绝大多数时候，裁员的责任，并不在被裁员工，而在公司。

我在第一次裁员的时候，就特别告诉被裁的员工，被裁不是他们的问题，而是公司的问题。公司经过研判，认为在这条业务线上的投入看不到希望，需要当机立断关闭业务线，并且解散业务线上的员工，同时承诺会维护好他们的合法权益。

对公司来说，裁员当然是一件令人痛苦的事情，但也不见得一定是坏事。奈飞在规模还小的时候，就经历过一次裁员，那是2001年，互联网经济的泡沫破裂，奈飞要由120人裁到80人，奈飞的创始人哈斯廷斯担心公司的士气会因此一落千丈，他在书里写道："我敢断言，一些员工离开之后，留下的人会因为朋友、同事的离开而对公司产生质疑，会认为公司对员工不管不顾。这一点势必让所有人心生不满。更糟糕的是，留下来的人还必须完成离职者交接的工作，增加的工作量也会使他们倍感痛苦。现在资金已经很紧张了，士气再持续低迷下去，我们还能撑得住吗？"

然而，接下来的几周，他惊讶地发现，公司的氛围突然有了一个很大的转变。"虽然我们公司靠着削减成本才得以生存，有三分之一的员工刚刚被迫离开，但剩下的员工却个个充满激情与活力，还颇有创意和想法。""让我万万没想到的是，这80名员工以前所未有的高涨情绪，圆满地完成了所有的工作。他们工作时间延长了，但所有人都激情满满。我们都感觉现在整个公司的员工都疯狂地热爱自己的工作。"

之所以这样，一方面是因为留下来的人变得更为精干，也更有斗志了；另一方面，也说明人多并不见得更有效率，如果冗员较多，人浮于事，工作效率反而会降低。

最后，需要特别提醒的是，裁员的时候，该付出的成本必须付出，要老老实实地按照相关法律规定，给予员工补偿。

有一次，一个小微企业创业者咨询我怎么裁员才不会引起劳动仲裁，我说遵守《劳动法》就不会。他惊讶地问道："难道你们给 N+1？"我也很惊讶："难道你们不给 N+1？"他们果然没给，后来也果然引发了劳资纠纷。

有些裁员是在公司资金链濒临断裂时发生的，这种情况下，公司可能已经没钱补偿被裁员工了，但员工有权捍卫自己的合法权益，他们也需要生活，所以往往会选择维权。我的建议是，在公司条件尚好的时候，一定要留出一部分备用金，什么情况下都不能动用，以应对突发状况和紧急状况。将来即使公司经营不下去了，也能体面地安顿好员工和合作方。

25

运转良好时,不要过度管理

《菜根谭》里有句话,我一直念念不忘:"忧勤是美德,太苦则无以适性怡情;淡泊是高风,太枯则无以济人利物。"

好的品质,也要有度,否则过犹不及。管理也一样,好的管理一定在某个恰当的度上,否则就是过犹不及。

我们团队有个成员曾经说过一句话,让我记忆深刻:"经常把管理方法挂在嘴边的人,肯定不知道怎么管理。"这句话深深体会一下,非常有道理。

在团队运行过程中,我们也曾出现过"过度管理"的负面案例。

我们团队对于外出拜访,一直实行的是"报备"制度,即由团队成员自行确定是否需要外出,且无须审批,但外出时需要在工作群里报备,说明外出的时间及事由。这个制度也贯彻了"自我管理"的理念，一直实行得较好。

但偶然也有报备不当的情况。有一次，有位研究电影的作者在上班时间去看一场电影，到了现场她招呼同事们说："谁没看过《××》（电影名），来看吧，刚买错票了。"好几个同事都说没看过，然后就跑去了电影院。对于这种情况，我及时予以提醒："这种做法是不对的。规则上，我们是坐班制度。从工作本身来说，上班期间不应从事跟工作无关的事情。不是因为需要研究电影而在上班时间看电影，这在某种程度上是一种脱岗行为。"

同事们也很快认识到这样做不妥，及时赶了回来。

后来，基于偶然出现的几例报备不当的情况，团队有管理者在一次会上提出，对于部分人员的外出，要实行线上审批的制度。结果，同事们不干了，议论纷纷，他们在工作群里开始质疑："对于外出要审批，能不能具体讲下判断标准和原因？""这个决策希望达到的理想效果是什么？"

这个团队的管理者找我交流，我说："你们试想一种场景，如果某天有人临时因工作要外出，而你们有事在忙，没法及时审批，会造成什么结果，他是该去还是不去？要不要给你打电话？所以，一个制度要推出来不难，但制度推出来之后，执行制度都是有成本的，有些制度，既束缚了团队，又束缚了管理者，这就是过度管理。"

在我的建议之下，他们公开声明取消了审批制度，仍然使用原来的报备方法。

在跟这些管理者交流时，我的脑海里冒出了"奥卡姆剃刀原则"，也就是那8个字——"如无必要，勿增实体。"即简单有效原理。对于小微企业来说，自身的优势就在于灵活度、自由度、自主度，所有跟这些理念背道而驰的，都应该去除。

但组织永远会在两个维度上产生"熵增"效应：一个维度是组织不断膨胀，使得架构越来越复杂，制度越来越烦琐，效率却越来越低下；另一个维度是时间维度，随着进入不同阶段，组织在由不完备到完备的过程中，也容易在制度上增添很多不必要的繁文缛节。

作为管理者，一定要对抗掌控欲，只要公司运行良好，就没必要去画蛇添足，而要像郑板桥那句诗所说的"删繁就简三秋树，领异标新二月花"，要做减法而不是加法。

甚至，管理者还需要经常检视公司的制度，甚至带着怀疑的眼光去审视每一项规定存在的理由。安迪·格鲁夫就在《给职业经理人的第一课》里写道："在英特尔，我们发现大约有30%的管理活动没有必要，换言之，原先70%的管理活动便能完成我们产出的目标。"为什么会有这些管理活动？格鲁夫一针见血："可能是因为传统，或者只是为了让工作显得正式。"

小微企业的管理也应该追求这种境界——在制度上，去掉繁文缛节，使之简明得如同三秋之树；在业务上，标新立异，一如二月之花。

走对路

26

以平常心对待创业

有一句流传甚广的话是这么说的:如果恨一个人,就让他去创业,因为创业会让他生不如死;如果爱一个人,也让他去创业,因为创业会让他焕发新生。

另一句经常被引用的话,是《创业维艰》的作者本·霍洛维茨说的:"在我担任CEO的8年多时间里,只有3天是顺境,剩下的8年几乎全是举步维艰。"

创业真有这么难吗?

就创业的门槛,跟二三十年前比,现在肯定是要低多了。中国起步比较早的互联网公司,像阿里巴巴、腾讯、网易,去看它们的注册资本,你会惊讶地发现都是50万元。原因是那时候要注册一家公司,注册资金最少要50万元,而且还必须是实缴。20世纪90年代,要凑出50万元可不容易,那时开办一家公司难度很大。

现在注册一家公司就容易多了，有许多代理机构可以代办注册，流程短，注册资金也不用实缴，认缴即可，再加上各种支持手段、工具都唾手可得，以前无法企及的技术，现在甚至免费就能使用。有的公司连办公场地都不需要，在共享办公空间租个工位就能注册，居家就可以远程办公。跟二三十年前比，现在要创业，可谓接近零门槛。

再加上经过改革开放40多年的发展，市场经济充分繁荣，生发出来的需求无穷无尽，这也是为什么有那么多小微企业得以创立的原因。没有需求就没有供给，没有市场繁荣，也不可能有那么多企业被创立。

有人会说，创办容易，但持续经营很难。在我看来，经营就是长跑，在不同的阶段会呈现出不同的状态。

上学时参加1000米长跑体测，很多人都有这样的体验：一开始还比较自然，然后越来越难受，到了最后400米左右的时候，呼吸变得急促，心跳也变得剧烈，腿则像灌了铅似的，觉得自己举步维艰，跑不下去了。想起体育老师说的，这个叫"极点"，熬过去就好了。于是勉力继续跑，跨越了这个阶段后，呼吸开始变得均匀起来，腿也没那么沉重了，有的人甚至会越跑越轻松，跑完之后，还有一种愉悦感。

"极点"是怎么产生的呢？生理学的解释，是人从相对安静状态进入剧烈运动状态，四肢可以迅速适应，内脏器官等不能很快适应运动带来的变化，造成体内缺氧，大量乳酸和二氧化碳堆积，从而导致了"极点"的产生。

"极点"就是创业中的至暗时刻，几乎每个创业者都会遇到。李开复曾在《重新理解创业》一书的前言中说，他所创立的投资机构创新工场，曾组织过一个有十几位 CEO 参加的饭局，谈论创业过程中的至暗时刻，结果发现，每位 CEO 在创业过程中都经历过自我怀疑和绝望。

我的一位朋友、视知网的创始人马昌博也说过："每个 CEO 都会有恨不得立刻消失或者马上死去的时刻，我就碰到过很多次，比如，我把员工裁到只剩三分之一的时候，还有一次我的一位非常优秀的员工走到我的面前，对我说，'马哥，我的信用卡最低额度还款都已经还不起了'，这时候，我就恨不得立刻消失。"

"极点"对创业者既是考验，又是淬炼。它会逼问你是否承受得住，要不要坚持，是否做好了足够的心理准备。

过了"极点"，肯定会好很多。越坚持，越懂得坚持。不是说困难消失了，而是不论你的生理状态还是心理状态，都逐渐能适应这种创业的节奏。即使后面还会遭遇困境，你也能等闲视之，经历风雨见到彩虹后，还会生发出愉悦感来。

这么说，也不意味着创业很轻松，1000 米长跑有终点，创业更像是长征，过了这道关还有那道坎。宋朝诗人杨万里有首诗是这样写的："莫言下岭便无难，赚得行人错喜欢。正入万山圈子里，一山放出一山拦。"过了一关还有关，关关难过关关过，这就是常态。创业者改变不了创业"不易"的底色,但可以改变看待"不易"的态度。

所以,在今天,作为小微企业的创业者,既不需要视死如归的决心,也不需要九死一生的心理准备;既不需要怀抱着改变世界的宏伟理想,也不需要洞若观火的聪明才智。只要以平常心把创业当平常事对待就可以了,没必要怀抱一飞冲天、一夜暴富的幻想,踏踏实实地把创业当作一份工作来看待就挺好。

27

最大收益是自主权和学习机会

就个人收益而言,创业不见得比在大公司任职得到的多;但面临的压力和风险,创业可比在大公司任职高多了。那创业的收益是什么?

我有一个朋友,曾经任职于某著名互联网公司,职级还不低,后来出来创业。有段时间,他很焦虑,原因是人员的变动,他的团队的几个骨干都相继离职。再加上处于公司初创阶段,他给自己发的薪酬也很低,"如果从回报上看,远远低于我在'大厂'工作时的回报"。

"那你愿意再回到大厂吗?"我问。

"不愿意,不自由。"他摇摇头说。

"对啊,自由是有价值的,甚至还是有价格的。"我说,"好几个我们共同认识的朋友,在大企业年薪百万,为什么也离职了,是因为他们财富自由了吗？不是，就是到了这个年纪，不愿意在里面继续卷了。"

我说："能做多大是能力和机遇问题，但怎么做是自主问题，有自主决定权，这就是创业的最大价值。为了这个价值，需要付出的代价就是承受不确定性、焦虑和压力。'所有命运馈赠的礼物，都已在暗中标好了价格'，这就是我们应付的价格。"

他觉得很有道理。

每当困难来临的时候，我也是这样给自己做心理安慰的，因为不确定性和焦虑，正是我们获得自主权必须付出的代价。

除了自主权外，作为一个创业者，还拥有不断学习的机会，这也是难得的馈赠。有人说，"这个世界上唯一能支撑老板活下去的就是学习力"，作为创业者，不论在哪个阶段，都必须保持对市场的敏感，这就迫使创业者时刻保持好奇心和学习力。自从创业之后，我自学了经济学、会计学、管理学、心理学，这些新知识给我打开了新的视野，越是学得多，就越感觉值得学习的更多，简直无穷无尽，所以内心很充实。

我不光在书本里学，还会找人学。比如，MCN 火起来了，杭州的一些 MCN 公司做得不错，我就会托人介绍，利用出差的机会上门请教；长沙的新消费成为一种现象，我也会寻找机会实地参访考察；数字虚拟人兴起后，我会带着团队去了解；VR 历经波折重新崛起后，我会去体验 VR 新产品；管理上遇到难题的时候，我会找同行去请教；商业模式上遇到困惑的时候，我会找投资人帮忙梳理。老板需要视野开阔，随时随地都可以学习。这些学习不见得都能带来效益，但会让人的内心变得充盈。

学到的这些知识和经验，你既可以运用到公司经营上，帮助团队成长，指导年轻人的进步，也有利于你处理跟外界的一切关系，比如跟家庭亲友的关系，甚至包括对子女的教育。

创业以来的不断学习，使我深感自己处理这些事情的能力有了大幅提升，也更加知道怎么去指导年轻一辈的朋友，在他们遇到问题时给出更好的建议。这里面的道理都是共通的，可以举一反三，触类旁通。

有了这样的收益，比起代价，已经很让人知足了。

28

尽量不融资,也不盲目扩张

大企业很难只靠自身的积累变大,往往需要借助资本的力量,在资本杠杆的加持下撬动更大的市场空间,从而让自己成长壮大。

但大多数并无爆发式成长机会的小微企业,融了资反而会给自己带来麻烦。因为投资方总希望公司能实现几何级增长,从而获得超额回报,但很多企业囿于行业特性,缺乏几何级增长的基因,也就是说,企业可能很多年甚至在整个生命周期都不会有质的变化。如果拿到了融资,企业一方面会面临投资方的压力,另一方面,股权融资的成本,比借债还要高昂。

我认识的一些做新媒体的创业者,在市场行情好的时候,都获得了融资机会,有的拿了融资,有的没拿,还有的一开始拿了,又很快退了回去。过几年看,那些拿了融资的,很多都会说"其实没必要拿融资"，因为拿了融资可能反受其累，他们往往会在投资人的压力之下扩大规模，但营收却不见得同步增长。市场下行时，投出去的钱收不回来，而投资协议中往往藏着"机关"，比如对赌条款、回购条款等。这几年，我认识的创业者中，因此而倍感压力甚至被投资方起诉后成为失信被执行人（俗称"老赖"）的，并不鲜见。

我知道的一家新媒体公司，在拿到融资后，由稳定的二三十人，半年内扩张到了上百人，折腾了很多项目都不成功，现金流都快折腾没了，最后公司又回到了原来的状态。而投资协议中的回购协议，让这家公司的老板背上了上千万元的隐形债务。

最明智的，是拿了又退回去的，他们大多是活得最好的，也是市场应变能力最强的。

在很多行业，市场主体以小微企业的形态存续可能就是最合理的。就像猫科动物，虽然有些能长成虎、豹这样的大型猫科动物，但最常见的还是各种类型的小猫咪。拿风险投资，意味着必须有成长为虎、豹的基因，但很多行业的特征决定了企业不可能实现爆发式增长，在这种情况下拿了融资，很可能是祸不是福。

对于大多数小微企业来说，启动成本并不高，业务开展后，也很快能获得现金流，所以尽量不要拿融资，创始人自己筹备一笔启动资金，能运转起来就可以了。即使拿了融资，也得事先明确风险所在，不要头脑发热盲目扩张，要在一开始就验证自己挣钱的能力，尤其是在逆周期的形势下。

如果看到自己账上有几百万甚至几千万元，就觉得可以大手大脚地花，折腾来折腾去，很可能会在潮水退了之后，发现自己正是那个在"裸泳"的人。关键是，中国的风险投资行业并没那么成熟和健全，投资协议中一般都会包括对赌和回购条款，发现自己在"裸泳"之后，即将面临的巨大财务压力更为可怕。

跟盲目融资和融资之后大手大脚一样可怕的，是盲目扩张。

这些年，"第二曲线"成了热词，原因是市场在以极高的速度演化，大企业的产品和服务，很容易因科技进步和模式创新而老化，面临淘汰，所以需要紧盯未来可能出现的大市场，寻找和创造出能让公司重焕生机的"第二曲线"。

小微企业需要注意的，恰恰是不要被所谓的寻找"第二曲线"给忽悠了。小微企业人力、物力、财力本就匮乏，如果不能做到绝对聚焦，还分出部分资源去寻找"第二曲线"，很有可能最后两手空空一无所获——主营业务因为投入不够变得缺乏吸引力，新业务也因为缺乏主营业务带来的强力支撑而中途夭折。

小微企业需要全力去做的是聚焦再聚焦，全力以赴把手头的事情做好，"百鸟在林，不如一鸟在手"，把能抓住的抓好才是关键。但很多小微企业总不甘心守着自己的一亩三分地，四面出击，结果什么阵地也没打下来，反而搭进去不少时间和精力，兜兜转转一大圈，又回到了起点，才发现手头做的虽然没那么"香"，但至少商业模式被验证过，是可以产生现金流的。

如果主业还不稳，就急于去打造"第二曲线"，公司更容易陷入危险境地。我在前言里也说过,这些年最常见的,是不少小微企业,形势好一点,就容易激进扩张,什么都想布局,几年折腾下来,不但元气大伤,钱和心气都折腾没了。天花板不是那么好捅破的,对这一点一定要有清醒认识。

29

不要过分关注需求、战略和竞争对手

小微企业不要过分关注需求、战略和竞争对手，这么说似乎与常识背道而驰。但我认为，小微企业真正需要关注的，是自己的产品与服务，需求、战略和竞争对手没那么重要。

需求不重要？开什么玩笑，经济学的一条基本原理不就是需求决定供给吗？在这里，我之所以说不重要是因为，小微企业是为了满足利基市场的需求，不是市场的领导者，也不是挑战者，所以无须考虑大地域、大行业、大需求，甚至也无须去开拓一片蓝海。换言之，有能力开拓蓝海市场的企业，大概率也不会是小微企业。

小微企业的创业者，只要有创业的意愿，根据自己的能力和兴趣，去市场上看一圈，往往就能找到机会。因为用户的需求是现成的，无须再去创造，入局的门槛也没那么高，把握住市场现有机会就行，因为市场现有机会已经证明了需求是现实存在的，所以我才说不需要过分关注需求。

像青少年艺术课程培训，就有很强的地域性，在大一点的城市，几乎每个具有一定规模的居民小区，都会存在至少一家舞蹈培训机构、一家绘画培训机构、一家运动培训机构。如果发现这些小区里没有这样的机构，就可以考虑创办一家，要获取一些收益是不太难的。

仔细观察，这样的机会还有很多，比如连锁小超市、药店、理发店、茶馆、旅行社、健身房、美容室，等等，这些服务性的业态很常见，根本无须创造顾客，顾客就在那片区域里。

而且我们也不难发现，这些机构连锁的少，单独运营的多，为什么会这样呢？是因为在利基市场里，连锁所需要的管理成本，可能会跨过盈亏平衡线。

不但无须强调普遍的需求，也不用强调需求的刚性和高频，能满足不那么刚性的低频需求，也能促成一门好生意。像有些做项目的公司，可能一年就做那么一两个项目，也能活得很滋润。我的一个邻居是开滑雪场的，每年只需要工作半年，幸福指数非常高。这也是为什么滑雪场这种生意，很少是由大企业去做连锁，往往是由小微企业去创办和运营的。

小微企业也不一定需要那么关注战略。

说起战略，很多人都喜欢提及亚马逊的创始人贝索斯写给投资人的第一封信。在那封写于1997年的信中，贝索斯确定了公司的目标，是巩固和扩大其在电子商务领域的领先地位，并强调衡量公司是否成功的标准，是看公司是否为股东创造长期的价值，而不是短期的利益。亚马逊一直遵循着这些思路，一路成长为世界级巨头企业。过了20多年，再去回望贝索斯写的那封信，会更让人叹服其战略眼光。

对比之下，小微企业的创始人需要自惭形秽吗？是否没有贝索斯这种远见卓识就做不了公司？当然不是。比如，开办一个面向社区的幼儿舞蹈培训机构，需要什么了不起的战略呢？认真做好产品和服务才是关键。

在今天这种剧烈变化的市场环境中，变量越来越多，变化发生的时间也在被急剧压缩，战略即使做了，也很有可能是白做，还不如边跑边看，敏捷应对。现在即使大企业也在强调敏捷应对，有些大企业已不再做一年以上的战略规划，而是随需而变。大企业都这样了，小微企业还需要那么在乎战略吗？

小微企业也不用太关注竞争对手。

公司战略特别强调竞争。在著名的迈克尔·波特的"五力模型"中，有"两力"是聚焦于竞争的，一是同行业内现有竞争者的竞争能力，二是潜在竞争者进入的能力。

经常有人问我，你们的竞争对手是谁？我说有很多。确实是多，在任何一个利基市场里，竞争对手都不胜枚举。像北京有条著名的美食街叫簋街，街上有上百家餐馆。你随便去问其中一家老板他的竞争对手是谁，他很可能也会告诉你"整条街都是"。

但利基市场的好处是，虽然参与者很多，但没有谁能垄断整个市场。去盯着所谓的竞争对手是没有意义的，因为没有谁能实现"赢家通吃"。

市场上的很多行业都是分散型的，很难规模化，这也正是小微企业大规模存在的原因。换作大企业，如果不紧盯竞争对手，可能很快就会被淘汰出市场。但小微企业是只要行业在，就无须太考虑竞争对手。

我还认为，小微企业也无须追求基业长青，虽然谁都希望活得长久，大企业尤其如此，像《基业长青》这种书就很畅销，阿里也把自己的愿景写成了"活102年"，似乎长寿是最应该追求的价值。在今天，很明显的是，企业要实现基业长青越来越难，社会节奏越来越快，产业迭代也越来越频繁，很多企业都只是"时代的企业"，而很难创造"企业的时代"。

对于小微企业来说，没必要追求基业长青，能够在潮头上赶上一波机会，做一家企业，实现自己的价值已是一件幸事。至于是否能够长久，要看时势和效率。安迪·沃霍尔说："在明天，每个人都能当上15分钟的名人。"我觉得，这一点对于小微企业来说也是适用的。"各领风骚三五年"足矣。

企业最重要的使命，是给社会创造价值。不能基业长青，并不代表没有存在的价值。电影《醉乡民谣》里，主人公虽然没有获得世俗意义上的成功，但导演还是给出了这样的关怀："你是谁不重要，重要的是，你是浪潮中的一份子。"有参与社会浪潮的勇气，服务用户，给社会带来价值，这就够了。

30

不要高估自己的管理能力

对于管理，我曾经一直有个误区，就是认为有过工作经验，创业管理就不是难事。后来却被现实打得鼻青脸肿。

硕士毕业后，我在一家中央媒体当过8年的调查记者，然后又负责筹建了这家媒体的社交媒体部门，并且担任了部门第一任负责人，两年之后才离职创业。做调查记者磨炼了我的心智，创建新部门我也取得了还算不错的业绩，我在业余时间做的新媒体账号，在细分领域也有一些知名度，基础是不错的。

而且，我所供职的媒体的前辈，出来创业后，累计创办了6家上市公司，似乎也证明记者转型创业是有可能成功的。所以，离职出来后，我还是怀抱着一些乐观精神的。

直到做完第一年，我才发现，原来创业跟做记者完全是两个工种。做记者是单打独斗，一个人就是一个特种兵，运营企业则比做记者复杂太多了。

一开始的打击来自招聘。原本我有9个心仪的合作对象,我一边注册公司,一边跟他们谈,有些我还苦口婆心、掏心掏肺地谈了好几次,觉得新浪潮就要来了,我们做的是新兴事业,还守着那张"旧船票"有什么意义呢?

但费了很大的力气,这9个人中,最终只有一位接受我的邀请,加入团队,成为我的合伙人。其余的人选,我不得不从应届毕业生中挑选,甚至还没法从重点大学挑选,只能从普通大学挑选。

好不容易凑起一队人马,准备风风火火地开干,谁知道接下来,员工陆陆续续地离职。公司成立才两个月,一个熟人就告诉我,我费了好大力气从9个心仪人选中唯一挖来的那个人,去了另外一家机构面试。一时间我方寸大乱,他可是我找的合伙人啊,是我这个人不值得合作吗?还是他不看好我们做的事情,或者是不看好这个团队?不论是什么原因,都是对我的重大打击。

过了几天,他果然来跟我谈辞职,我跟他谈了几个小时,希望把他挽留下来,却没能挽留住。这让我自我怀疑了好长一段时间。

这之后,又陆陆续续有员工提出离职。我得承认,员工提离职,是我早年间创业时最不适的时刻。那时候,只要收到"老板你有没有时间"的信息,我都会心里一紧,知道接下来肯定是要跟我谈离职了。也有一些员工不发信息约面谈,而是用电子邮件发辞职信。早期,辞职信多是在深夜发送,一看到辞职信,我的反应就会非常大，一向睡眠质量极好的我，甚至会出现失眠和做噩梦的情况。

所以，在创业的早期，我总有种风雨飘摇中的"草台班子"随时要散架的不安全感，时常觉得公司马上就要散伙了，经常发出喟叹："为什么这么难啊！"难怪都说"创业维艰""九死一生""不死也得脱层皮"。

但过了这个阶段，再去反思，我发现自己陷入了很多误区。

首先，乐观是种好品质，但也是双刃剑。当时我做出决定，从体制内的中层毅然决然离职创业，如果不是极度乐观，是不可能这样做的。总有人问我，为什么放着好好的央媒部门主任不做，辞职出来创业？我觉得就是因为一种巨大的乐观情绪，甚至是盲目的乐观情绪，遮蔽掉了我对困难的恐惧。在那一刻，创业的理由是现实的，而困难在未来。

乐观往往是非理性的，没有乐观，可能永远无法做出决定。但乐观也会蒙蔽人，人往往因积极乐观而做出改变，又因改变而备受折磨。

其次，早期找人难留人难是常态，我却被这个困扰拿捏住了。我后来看小米公司的传记，里面写到，即使像雷军这样功成名就的创业者，当他决定做小米的时候，找人也是碰了一鼻子灰，而且也出现了花很大力气找来的人早早就流失的情况。直到那时候，我才明白：不论你是谁，创业找人和留人，永远都不是容易的事情。

员工离开的原因有很多。比如公司处于初创期，业务不稳定，保障性不强，难以让人安心留下。还有一个重要原因，是我作为公司的创始人、管理者，非常不成熟所致。我原以为，凭借自己多年的工作经验和部门管理经验，足以带好团队，事实上，当时我既不懂创业，更不懂管理。

在筹备和领导我所供职的媒体的新部门时，我以为已经完成了从0到1的进步。但对比后面的创业，我发现，做新部门，我是在一个既定的大机构框架下做事，我们这个新部门是众多部门中的一个。另外，我只有有限的人事权，招聘上我没有决定权，也不能决定员工的薪资水准，也不能开除任何人。所以，那种管理是有限管理，而不是全权管理。

但创业后，我是真正从0到1创办一个新机构，"麻雀虽小，五脏俱全"，它是一个全新的实体而不是某个实体下的一个部分。

创业不久后我就发现，过去的经验不但帮不上忙，反而拖累了我，是因为一个人在传统的业态中做得越优秀，越有可能被原有业态的思维所困住。我认识到自己是创业和管理的新兵，至少花了一年以上的时间。

自从发现了自己是个新兵，我才意识到，"觉今是而昨非"的事情有那么多。比如，我不顾现实条件，追求强悍执行力，导致员工的挫败感特别强。他们离职，不全是因为觉得团队不行，有些是觉得自己能力不够，拖累了团队。比如，明明自己有失误，因为怕影响管理权威，不敢承认，导致员工认为老板没有担当，就是个爱"甩锅"的人,不值得信任。比如,我一度被员工离职等问题困住,情绪不佳,导致团队气氛压抑,大家情绪不高,反而促使离职率上升。比如,我自以为心胸开阔,从善如流,实际上每次跟员工谈话,我并没有认真倾听他们的心声,而是习惯性地用自认为正确的逻辑去看待他们的意见,使得他们认为"跟老板说什么都没用"。

创业一年多后,我得出结论,自己在创业和管理上还只是个小学生,有太多的东西需要去学习和领悟了。而且,即使意识到这一点,并不意味着前面就是坦途,而是仍然荆棘密布。

但好在改变认知和心态后,我顿时觉得"进一寸有一寸的欢喜"。在不断遇到问题、分析问题、解决问题、再遇到问题的循环中,我对创业和管理有了"仰之弥高,钻之弥坚,瞻之在前,忽焉在后"之感,不但再也不会感叹"为什么这么难",反而会兴奋于"这次又有所得"。

创业不息,奋斗不止,学习不止,反思不止,这不也是创业的魅力所在吗?

31

品性是管理者的根本

老板要想获得团队的认可,最重要的是获得团队的信任。

我发现,在员工对领导的评价中,晕轮效应尤其显著。如果基本面是信任的,那么,领导身上的弱点也是"人无完人";但如果基本面是不信任的,领导身上的优点也会被忽视,问题则会被放大。这种评价的极化现象,在团队管理中很常见。

可以佐证的论据是,盖洛普公司花了25年时间,采访了100多万名员工,8万多名经理人,发现决定员工生产率和忠诚度的最重要因素不是薪水、福利或工作环境,而是员工和直接上级的关系质量。

这个结论在中国也被总结为一句话:"员工总是因为喜欢公司而加入,因为讨厌上司而离开。"

直接上司才是决定一个团队氛围和文化的核心因素。

斯蒂芬·罗宾斯所著的《管理学》一书援引了管理咨询公司韬睿惠悦的一项惊人发现：只有42%的受访者认为其上级鼓励他们并对他们负责。其他学者的另一项研究发现，44%的受访者认为他们的上级极大地提升了自己的参与度，另有41%的人则认为，上级极大地降低了自己的参与度——这也意味着，领导不仅不能激励员工做出优秀的成果，反而成了团队最大的绊脚石。

团队成员对管理者最大的否定是人格上的否定，也就是说，不认可这个人。这种否定一旦发生，基本不可逆。即使管理者的管理技巧再高明，也只是把城堡建在沙滩上，基础不牢，地动山摇。

曾经有一名员工在离职的时候，跟我整整吐槽了一个小时，目标是她的直接上司，基调是全盘否定，归结为"他做人有问题"。而她列举的证据，全都是小事。她提到的这个上司的某些举措，明显是为了帮助她成长的，但在她看来也变成了"笑话"。

很明显，"厌恶和尚，恨及袈裟"的晕轮效应，在她这里体现得淋漓尽致。

我不是说小事不重要，恰恰相反，一旦坐上管理者的位子，身上的优点马上会大大弱化，身上的缺点却立刻会被放大十倍。"君子之过也，如日月之蚀焉。"一点点小事，也如挂在天上的太阳月亮，会立刻被团队成员看到。

在我的引导之下，她扭转了一些对直接领导的看法，当我做出挽留时，她说需要花几天时间考虑一下。但两天后，她依然提交了离职申请，原因是"我就不喜欢他这个人了，觉得自己无法再跟他相处了"。

由此可见，老板不仅要管理好自己的被信任度，也要当好总教练，管理好团队里其他管理者的被信任度。

而管理者信任度的基本盘，是由两个层面决定的：第一个层面是品性，第二个层面是言行。

品性，简而言之，就是"仁义礼智信，温良恭俭让"，是否先人后己，是否公平正义，是否遵纪守法，是否公私分明，是否坦诚开放，是否诚信，是否自律，是否谦卑，是否理性……这些都是品性的一部分。

可能有人要说，你这不是在要求一个管理者，这明明是"圣人"的标准。甚至有人会举出反例，在现实生活中，常常可以看到有些老板不仅没有遵循上面的原则，反而通过投机取巧、蹚浑水甚至坑蒙拐骗的方式，获得了成功。我承认这种情况不少见。但我见得更多的是，这样做的老板和团队，后面几乎都翻了车，要么遭受牢狱之灾，要么被客户弃如敝履，或者团队分崩离析。即使侥幸成功做大了的，后面也很可能有个大跟头在等着。

我刚创业的时候，聘请的兼职财务是位年过六旬的女士，姓朱，她曾经在湖北的国企做过财务工作。第一次见面的时候，她问我："你希望我做账，是按照会计法则做，还是按照你的意思做？"我愣住了："当然是按照会计法则做，公事公办。"她说："我退休后，给上百家公司做过账，每次我都问这样的问题。我发现，凡是说要按老板意思办的，都做不好，或者做不长。"

接下来，她说了一句让我至今铭记在心的话："一家企业发展得好不好，跟人的品性有关系。人品不好，生意好也是一时一阵。"

《贞观政要》里，魏征写给李世民的谏书里说道："上不信，则无以使下，下不信，则无以事上，信之为道大矣。""言而不信，言无信也；令而不从，令无诚也。"可见品性就是管理者的根本。品性不好的人，不在这件事上翻车，也会在那件事上翻车。品性不好的管理者，要想获取团队信任，很有难度。老板作为团队的一号管理者，需要不断修炼自己的品性，做一个更值得信赖、更受人尊重，且符合现代商业文明要求的人。

其实大部分管理者的品性并没有问题，甚至要优于常人，却会因为一些言行，进而在晕轮效应的作用下，被怀疑品性有问题，招致负面评价。

- 自己犯了错，不公开承认并向团队道歉，寄希望于敷衍过去。这一点非常要命，很影响团队成员对其品性的认可，会觉得管理者不诚信、不勇敢、不能以身作则，甚至虚伪。
- 跟团队成员谈话以自己为主，不愿意倾听。管理者要善于倾听，这一点怎么强调都不过分。不善于倾听的管理者容易被视为"不民主""独裁""一言堂"。
- 团队成员反馈了意见，却不采纳。团队成员会觉得自己没有得到尊重,尤其是多次反馈没有效果之后,团队成员就再也不会反馈了,他们会觉得这个管理者要么是智商有问题,要么就是固执,坐实了不尊重人这一品性。

- 出言不慎。像上面那个离职员工说的,她觉得直接领导最伤害她的一句话是:"你一个研究生还让我教你怎么学吗?"在她看来,这是一种人格侮辱。后来我反馈给她的直接领导,他认为只是开了一个无伤大雅的玩笑而已。他没想到的是,作为一名管理者,出言不慎,有如利刃伤人。

IBM 创始人托马斯·沃森说:"在日常生活中领导自己的能力,是对领导别人能力的最好证明。"这句话,诠释了管理者为何要管理好自己品性的所有要义。

32

要想改变别人，先改变自己

知乎上有一些讨论老板的热度很高的帖子，比如："什么样的老板值得下属追随？""什么事情是你当了老板才知道的？""你遇到过的好老板是怎样的？"

看完这些帖子，我的一大感受是：好老板都是相似的，不好的老板各有各的不好。

在员工眼中，好老板多具有这些特征：人品好、诚信、敢于担当、有视野、有能力、有分享精神。

这样的人，在社会中也多是值得尊敬和钦佩的。人都是矛盾体，不可能十全十美，正如歌德所言："十全十美是上天的尺度，而要达到十全十美的这种愿望，则是人类的尺度。"我相信，大部分老板都希望自己能成为员工眼中的好老板，为此不断修炼和精进，让自己往上述特征靠拢，并长期坚持。

上述员工对好老板的认知,是他们眼中好老板所呈现出的品质。那对于老板来说,应该如何修炼,才能具备这些品质呢?

在我看来,关键是要有推己及人的意识。

推己及人,首先意味着己所不欲,勿施于人。

这句话看起来很简单,参透却并不容易。人总是容易"宽于待己,严于律人",比如,我们团队中的一个中层,曾明确表示过,自己更愿意在鼓励型的环境中成长。但是,她在带团队的时候,对团队成员的要求却比较严格,尤其是表达上不太注意,导致团队有的成员感觉很不适。如果她能做到推己及人,站在对方的立场上思考,也许就会改变思路。

推己及人,也意味着对人的尊重,这种尊重不只是对人,也是对事。比如,如果你越俎代庖,替你的下属去做了事情或决定,那么,他就不会觉得自己被尊重和信任。

刚创立公司那阵子,我负责跑业务,后面虽然有了专门的业务负责人,但老客户依然会习惯性地找我谈业务。碍于情面,我也经常会给老客户更大幅的折扣和更多的服务承诺,导致业务部门怨声载道。终于有一次,他们直接对我吐槽道:"你这样处理,我们很难办。"从此以后,我再也不涉足具体的业务谈判。老客户找到我,我也会立刻转给业务负责人,让他们来对接。

推己及人,也必然要求言行一致。我知道的一家公司,老板喜欢给员工做承诺,但等到要兑现承诺的时候,又会采取种种方式耍赖,导致他在行业内口碑不佳,被认为是"口惠而实不至"

的典型代表。

中国古人特别强调"一诺千金",商鞅也是靠着南门立木"一言为重百金轻",开启了变法之路。如果心口不一、口是心非,管理者不可能获得团队和合作伙伴的信任,即使能力再强,思路再出色,也不可能长久地获得真心诚意的追随和合作。

推己及人,也意味着老板要身先士卒,以身作则。阿里巴巴是一家社会公认作风很强悍的公司,但马云所展现出的形象,却似乎总是风淡云轻。我以前也有这样的错觉,认为马云是在功成名就后,才这么轻松自由。但有一次,我看到一篇文章介绍说,马云2016年飞了870小时,2017年飞了近1000小时,这也就意味着连续两年,他至少有1个月以上的时间都在天上飞。经常出差的人都知道舟车劳顿是很辛苦的,即使马云坐的是私人飞机,但要在一年中去坐一个月的飞机,恐怕也是比较难受的。

中国古人很懂"以身作则",《史记》里关于刘邦的一章就记载,楚汉争霸时,有一次,项羽的军队中埋伏的弓弩手射中了刘邦的胸部,使得刘邦受了重伤,卧床不起,但是,张良依然劝说刘邦强撑着起床去巡视慰劳士卒,以安定军心。后来,刘邦当了皇帝,当黥布造反时,他还是拖着病躯御驾亲征,结果又被流矢射中,差点一命呜呼。

身先士卒是一种精神气质,但不代表事事都要自己当头。小微企业的老板,创业早期像八爪鱼一样,既能做业务,又能谈合同,还能算账,同时也是公司的行政、人事、销售。到了一定的阶段，团队变大了，人变多了，团队里有些成员在某些专业领域比老板要强。这个时候，老板当然得退居二线，让团队成员站出来。但面对需要老板去做的事情，"身先士卒，以身作则"的精神气质不能变，老板绝不能当甩手掌柜，把自己的责任推到其他人身上，相反，更应该迎难而上，勇挑重担，给团队成员树立起榜样，激发他们追随自己一起奋斗。

推己及人，还意味着同理心。对此有人可能会有不同意见：我是老板，为什么要去听员工的，被他们"拿捏"住了怎么办？而且，如果太善解人意，是不是也就意味着无法对团队提出要求了？所以，一些管理者在讨论管理时，会强调不要考虑员工的感受。

同理心绝不代表着无原则地服从员工、讨好员工，我一直主张公司应该按照原则来管理，既不需要讨好谁，也不需要迁就谁，而是依照原则去处理事情。

但是，有员工追随的领导者，才是领导者。领导者如果不能站在员工的立场，按照员工的思维方式，去思考其处境和所面对的状况，那么，他很可能无法真正地理解员工，也就无法让员工觉得"老板很懂我，所以我很相信他"。

没有同理心的管理者，总会站在自己的立场，以自己固有的逻辑，去看待员工面临的问题，甚至会以自己的理解去驳斥员工——"你是不是想多了""你是不是理解错了""你居然会被这个困扰，是不是太脆弱了，希望你成熟一点"……这样的事情发

走对路

生过几次，对方肯定不会再愿意跟你推心置腹了，因为你只会从立场和逻辑上去跟他交流，却忽略了他彼时彼刻的"感受"。

一件事情在你这儿可能很小，在他那儿可能很大。如果你不站在员工的视角去理解他对这件事情的感受，那么你永远不可能有同理心。

还有人反驳说，你看乔布斯，不但没有同理心，某种程度上，甚至有些飞扬跋扈，不照样是个伟大的企业家吗？

首先，我们得承认，不是每个人都能成为乔布斯。乔布斯是公认的罕见的能把艺术和科学结合起来的天才，软银CEO孙正义认为乔布斯堪比文艺复兴巨匠列奥纳多·达·芬奇，绝大部分人是没法跟他相提并论的。

其次，《创新公司：皮克斯的启示》一书的作者、皮克斯公司的高层艾德·卡特姆，曾跟乔布斯共事多年，他在这本书里反驳道："史蒂夫·乔布斯的传记清一色将他描述成一个顽固、专横的人，说他毫不动摇地坚守自己的理想，容不下一点儿妥协或变通，还说他常常会恫吓或强迫别人按他的方法做事。在大家津津乐道的轶事中，有关乔布斯年轻时的故事或许是真实的，但大家对他整体形象的认知却与实际情况相去甚远。实际上，在我与乔布斯相识的岁月中，他改变了许多。"

他说："在我和乔布斯共事的日子里，他通过经营两家蒸蒸日上的成功企业，积累了充足的实践经验，但大家或许有所不知，乔布斯同时也越来越懂得把握分寸，他知道何时该对人施压，何时该适可而止。他变得越来越通情达理、越来越睿智，也越来越谙熟与人的相处之道，这主要是他在和妻子劳伦的婚姻生活以及与深爱的孩子们的相处中摸索出来的。这一转变并没有让他放弃对创新的追求，反倒让他越战越勇。与此同时，他也蜕变为一个更加和善、更有自知之明的领导者。"

也就是说，继遭遇了重大挫败、被自己的公司踢出去，乔布斯东山再起之后，变得越来越通情达理、越来越睿智，也越来越谙熟与人的相处之道，这也是他成就更大事业的原因。如果其他人只想学乔布斯"霸道总裁"的一面，而选择性地忽视自身在领导境界上的提升，那么，走向失败也是必然的。

推己及人，更意味着自我革新。列夫·托尔斯泰曾经写道："每个人都想着改变世界，但是没有人想着改变自己。"管理者需要有自省能力，要想改变别人，先改变自己。

我们公司曾经有个中层管理者，人很踏实，也很为下属着想，但工作了半年就遭到员工的集体反对，原因就在于他身上有些小毛病，给团队成员带来了困扰。但团队成员反馈了一次，他没改，又反馈了一次，还是没有看到他做出改变，就这样日积月累，他逐渐丧失了团队的信任，也完全丧失了领导力，最终不得不被迫辞职。

如果他能深刻自省，及时接受他人的意见，结果很可能完全相反，他的领导水平将得到极大提高，也将获得更高的领导力水平。

33

如何打开格局

很多团队都发生过这样的事情：有的领导者明明很有能力，却没有人愿意追随，这往往是因为这个领导者的格局不够。

项羽就是个典型，要说个人能力，他可谓震古烁今；但要说格局，可就差太远了。他手下的人才，像韩信、彭越，最后都投奔了刘邦。唯一有能力的谋士范增，给他出的谋略极富远见卓识，也被他弃置不用，气得范增大骂："竖子不足与谋。"

与之形成鲜明对比的，是他最强大的对手刘邦。刘邦评价自己，如果说要运筹帷幄之中，决胜于千里之外，他比不上张良；如果要镇守国家，安抚百姓，供给粮饷，不断绝粮道，他比不上萧何；如果要统率百万大军，打仗就一定能打胜，攻伐就一定能攻取，他比不上韩信。这三个人都是人中龙凤马中良驹，刘邦却能够善用他们，这就是刘邦能够取得天下的原因所在。

刘邦善于用人，而且知止不殆、知足不辱，愿意藏锋守拙，愿意约束自己的欲望，愿意跟有功的部下分享战果。尽管他的出身远不及项羽那么优越，但论格局和胸怀，古代皇帝里少有人可与之媲美。

可见，有格局的领导者，要会用人、会分钱、会分权。

对于古往今来的管理者来说，要想成事，格局必不可少。字节跳动创始人张一鸣也曾反复强调："自我要小，格局要大。"

格局是一个很中国的词汇，英语中难以找到相近的表达，甚至找不到一个精准对应的英文单词。但几乎每个中国人都知道，"有格局"和"没有格局"的区别在哪儿。

格局是一个人的境界。格局大的人，不会坐井观天，鼠目寸光，而是目光远大，兼容并蓄。他们更有全局思维、终局思维、双赢思维，不会在乎眼前的利益，也不会在乎一城一池的得失，他们会聚焦更远大的目标、更开阔的未来。

格局也是一个人的心智。格局大的人，心志坚定，举重若轻，能始终以乐观的态度面对挑战和苦难。他们不会被困境所束缚，既往不恋，纵情向前，聚焦进展，他们也始终相信，风雨过后，必见彩虹。

格局还是一种胸怀。格局大的人，绝不会忌贤妒能、守财如命，他们会爱才惜才，懂得和珍惜人才的价值。他们胸襟开阔，不会偏听偏信，他们也极具分享精神，愿意把胜利的果实分享出去，而不会被权力和金钱迷惑了心智，成为爱财如命的葛朗台、守权如金的独裁者。

没有哪个管理者愿意被人评价为"没格局"或"格局不大",但管理者真正要做到有格局,非常难。

第一层难,是要求管理者有跳出一层看问题的视野。这就像要求员工要有领导者思维一样,并不容易。管理者经常会被现实的鸡毛蒜皮束缚住,不但难以用超出现状的格局去看现实,反而常常深陷其中。

经常听说有管理者会跟自己的员工、客户甚至自己赌气,或者耍小聪明,不要说格局了,这种人在现实生活中,很可能就是那种心胸狭窄、小肚鸡肠之辈。

所谓跳出一层看问题,就是管理者不能把自己视为普通员工,而要努力让自己的视野、境界往上拔高一层,从更高处看问题、看现实。这里的"更高处"并不是说要脱离实际、不食人间烟火,恰恰相反,领导者应该力避夸夸其谈,在脚踏实地的同时,要尽量让自己踮起脚、伸长脖子,看向远方,用"以终为始"的思维,对待当下的问题。如果管理者这样做了,就会被视为"格局上去了""格局打开了"。

跳出一层看问题,"将军赶路,不追小兔"是格局,"欲为大树,莫与草争"也是格局,"不赚最后一枚铜板"更是格局。

第二层难,是"度"的把握。很多管理者不是没有分享精神,也不是不愿意放权,但在度的把握上,他们经常陷入进退维谷的境地。

比如，在放权上，他们并非不愿意放权，而是想要避免"揠苗助长"。因为由员工成长为管理者并不容易，小微企业也很难承受优秀员工走向管理岗位后被击垮的后果。

所以，小微企业的管理者，不会纠结于要不要放权，但会纠结于怎么放、放多少合适。这并非一个简单的加减乘除问题，而是一个复杂的函数问题。放多了，放快了，有可能过犹不及，欲速则不达；放少了，放慢了，就容易显得格局不够，业务和企业起来得也慢。

放权的时机和多少都要恰到好处，才能真正尽显格局，而这恰恰是管理者很难做到的地方。

分配物质利益也一样，总会面临如何做到在较短周期和较长时间维度之间实现"动态平衡"的问题。一段时间内业务不错，分配得多，大家都高兴，但可能过一段时间，经营不好，分配得少了，团队感受就不会那么好。"朝四暮三"还是"朝三暮四"，在管理上确实是存在这个难题的。

公司最常见的展现老板格局的一项事务是分股份，我很少见到小微企业把员工持股做得不错的，往往分的结果是员工不满意，老板也不满意，最后得出的结论是"分了，还不如不分"。

如果老板认知和意识不到位，就很难平衡短期与长期、期待与效果之间的关系；如果员工的认知和意识没到位，分股份带来的麻烦远远比不分大。所以，"如何在团队内部分配股份"是一个非常专业的问题，足够写成一本书了。

对于小微企业而言，我的观点是，如果分不好股份，不如不分。因为股份要实现价值，很大程度上要看企业能否上市或被收购。如果上不了市，也无法被收购，股份并无法给员工带来实际回报。但这不意味着小微企业的老板不需要分享精神，他可以考虑用其他的方式，比如借鉴华为的内部持股的方式，来解决分享的问题。在公司内部，划定一个分配池，让员工根据贡献大小获得相应的分配。我们公司目前也实行了员工虚拟持股和年底利润分红的方式。

这也说明，对于老板来说，"做大蛋糕"是格局，"会分蛋糕"也是格局。尤其对于规模受限的小微企业来说，"会分蛋糕"是一种更大的格局。

34

无事如有事,有事如无事

"生于忧患,死于安乐。"做过企业的人都知道,逆境不见得是逆境,也可能是机会;顺境不见得是顺境,危险往往会在其间潜滋暗长。

如果哪一段时间,作为老板觉得过得很顺畅,"海晏河清,四海承平",那他就得小心了,一个大跟头可能正在前面等着。正如唐代诗人杜荀鹤在《泾溪》一诗中讽喻世人的:"泾溪石险人兢慎,终岁不闻倾覆人。却是平流无石处,时时闻说有沉沦。"

我的一些摔过跟头的朋友,多是摔在了春风得意的时候,而不是摔在了艰难困苦中。

人成功了就容易飘,这是人性使然。成功了还能谦卑自抑、如履薄冰,这是逆人性的。小微企业经营有些起色,老板手里有了些钱,就容易膨胀,要么觉得自己该享受了,沾染不良嗜好,要么觉得自己无所不能,想一口吃成大胖子。飘得越高,就摔得越狠。没成功的老板,妻离子散的少;成功了的,妻离子散甚至老境颓唐的往往不少。

商业世界里,甚至还能看到很多这样的案例:商业模式很高效,赚钱很容易。这样的公司,应对变化的能力往往比较差。

道理很简单,赚容易赚的钱,就很难再进化自己的能力。就像高速公路的收费员,工作难度低,压力小,且收入还算丰厚。当有的地方决定撤掉高速公路收费站时,收费员们不干了,他们抗议的理由是"只会收费,其他的不会干"。不只收费员,其他行业也出现过类似的情况。赚惯了容易赚的钱,就赚不了辛苦钱了。

所以管理者需要时刻保持居安思危、临深履薄的心态,方能持久。

危机意识不单体现在宏观和中观层面,还需要体现在微观层面,也就是说,哪怕再小的事情,如果管理者觉得有风险,也需要排除掉,或者即使现阶段没办法解决,也需要做好预案,至少需要做好心理准备。公司经营是由无数小事积累而成的大事,如果不在意小事暗含的风险,小事也有可能变成大事。道理很简单,"祸患常积于忽微"。唐太宗李世民也说:"凡大事皆起于小事,小事不论,大事又将不可救。"

关于风险意识最好的定律是墨菲定律——"凡事只要有可能出错,那就一定会出错"。我在公司经营中发现,墨菲定律是在公司场景下最容易得到验证的定律,虽然这个所谓的定律更像是一句谚语,并没有得到科学的证明,但放在企业经营场域里,却似乎又像真理一般存在着。

比如,在经营中,如果你担忧未来某项政策会影响到业务,而其最后变成现实的概率,从你开始担忧起,就会迅速变大。所以墨菲定律在某种程度上类似财报里的风险提示,如果提示写得足够详尽,那么命中风险的概率也会大幅攀升。

这并不是什么玄学,而是经验带来的直觉。比如很多人都听过下面这个案例,消防队长带领消防员在一个单层建筑的厨房区域处理火情,过程中,队长凭借经验及直觉,做出了让队员撤离建筑的决定。结果他们刚撤出来,建筑就塌了。消防队长完全是根据直觉做出的判断,这种直觉其实是此前的无数次实战带来的。

墨菲定律意识出现的时候,实际上是在提醒管理者——这里可能存在危机,你得小心点,必须盯好了,否则就会给你惹上事。

除了居安思危,管理者还需要紧盯影响公司生存的三大因素。

一是技术迭代。技术迭代曾让胶卷行业几乎一夜清零,让著名的柯达公司破产,也让生产模拟信号手机的企业直坠谷底,比如曾经如日中天的诺基亚。现在,新能源汽车的兴起,也正在让传统的燃油汽车生产商坐立难安。

在传媒行业,这种迭代也很常见,电视打败了广播,网络又打败了电视和报纸,目前视频文本的使用时长,自文字出现以来第一次超越了文字文本。这种迭代背后,是无数的市场主体面临着败退，而建构于新技术之上的企业则纷纷创立。

二是产业政策。近年来，产业政策的影响越来越大，比如教培行业、影视行业、地产行业等。这些行业里的很多公司，就因为深受宏观政策的影响，而备受冲击。

三是社会需求。社会需求的变化对产业发展影响巨大却不易被察觉。比如，经常被用来举例的日本的优衣库，就被视为日本"失去的三十年"中，社会预期和消费习惯改变后的产物。在日本经济没法保持高速增长，日本人的收入增长也停滞后，日本人转而追求商品的经久耐用，产品价格低但美观耐用的优衣库因此脱颖而出。有些日本企业却没有洞察到这种变化，依然按照日本黄金时期的消费能力去投资产业，结果造成了巨大亏损，甚至破产关张。

那如何洞察社会需求的变化呢？美国著名投资者吉姆·罗杰斯在《危机时代》里写道：

- 如果平日里极难预订到房间的某家星级宾馆，忽然告诉你"随时可以入住"，那一定预示着哪些地方出了问题。
- 再比如，当你打车的时候，司机师傅跟你聊着聊着忽然开始抱怨最近挣不到什么钱了，也是一个典型的危机征兆。
- 如果你是一位女性，在你常去的美容院里听到一位头牌理发师感叹近些日子生意难做，人气不足，你也不应忽略这一信息背后隐藏的玄机。

"总之,我们虽然身处烟火人间,却未必能深刻洞察经济社会中的所有蛛丝马迹。所以,与不同行业的人交谈时,我们要倍加留意。因为这些人对自己行业的氛围最有感触,最能给你提供真正有用的信息。尽管是碎片化的信息,但把所有碎片一点点地拼接起来的时候,这个世界到底发生了什么及即将发生什么便会一目了然。"罗杰斯说。

如果老板感觉到自己所在行业越来越难挣到钱,同行也在抱怨行业每况愈下,甚至能听到行业里有人说"底层逻辑已经变了""时代不同了""该变变了",那大概率表明,要么行业需要升级换代,要么这个行业就要彻底被替代了。

面对产业升级或转型,需要记住的是德鲁克说过的那句话:"企业存在的唯一原因就是创造顾客"。虽然市场变了,但企业所追求的目标始终应该是如何满足市场需求,如何给客户创造价值。既然原有的模式创造不了价值,那也就意味着,需要换一种模式乃至换主营业态了。

总之,未雨绸缪,防微杜渐,"无事如有事时提防,有事如无事时镇定",是管理者必须具备的思维。

35

为情绪压力寻找支撑

老板不是神,老板也是人。

是人就会有喜怒哀乐、七情六欲。老板们也很难在繁重的工作和强大的压力下,始终保持情绪的稳定,像坐定老僧一样,既不会生气发怒,也不会垂头丧气。

恰恰相反,老板们更容易在重压之下情绪变形,甚至崩溃。这会给团队带来很多负面影响,轻则团队氛围不佳,气压低,重则影响团队的斗志和士气,并导致绩效下降。同时,还容易消解员工对其的信任感和尊重度。毕竟,人们都喜欢跟情绪稳定、始终保持理性的上司一起工作,不愿意跟容易焦虑、紧张、愤怒、沮丧、悲伤、痛苦、怯懦的上司一起工作。

面对困境和重压,老板在情绪上最好做到"千磨万击还坚劲,任尔东西南北风",即使再难再苦,也需要有点黄连树下弹琵琶——

苦中作乐的精神，能在"苦心中常得悦心之趣"。

老板情绪稳定，并不是说完全不能发火，不能表达伤心、愤怒、郁闷、难过和悲伤。根据相应的情境，自然而然地生发出相应的情绪，是人之常情。如果团队有成员严重违规，给公司造成重大损失，老板还气定神闲，其他员工会怎么想？如果团队里有成员仅仅是微小的无心之过，老板却爆发雷霆之怒，团队成员的感受也可想而知。

老板情绪要稳定，就不能像坐过山车一样，今天光风霁月，明天阴云密布，后天小雨转多云。萧伯纳说："人生有两出悲剧：一是万念俱灰，另一是踌躇满志。"要是老板每天都在这中间反复横跳，那下属该怎么办才好？

有意识地克制自己的负面情绪，是管理者的日常必修课。情景喜剧《武林外传》中，主角之一郭芙蓉是个暴脾气，她的男朋友吕秀才为了帮她改正这一点，会让她在每次发脾气前，都先念上这么几句："世界如此美妙，我却如此暴躁，这样不好，不好。"老板们也要有类似的自我管理的方式。

但情绪也遵循一定的守恒定律，积累多了终会像火山一样爆发。所以，我们也不能一味地要求老板自我克制，通过强行压制去解决问题。老板们的情绪，也需要找到出口。

这种出口，往往还不在内部，而在外部。内部，只能尽量通过有效治理来建立内源性力量；外部，则需要通过兴趣爱好、社交网络来转移注意力，提供情绪山洪的宣泄口。

创业最初的几年，我纾解压力的方式主要是玩电子游戏。遇到特别烦心的事儿，越想越容易陷入死胡同，甚至，睡眠质量一直特别好的我，也渐渐开始失眠、情绪低落。一开始，我是抱着好奇心接触游戏的，但慢慢我发现打游戏能缓解焦虑。因为游戏能让我沉浸进去，帮助我转移注意力，硬生生地把我从死结中拽出来。打完游戏，再回过头去看，就不会像之前那么严重和难解了。

这也好理解，问题的严重程度，一方面取决于问题本身，另一方面取决于我们对问题的主观态度。

所以，后来一遇到难解或烦闷之事，我就去打游戏，后来我竟然形成了"游戏指数"。如果我要打通宵或者打到凌晨两三点，就说明挫折或难题比较难解决。如果只打到零点，说明挫折或困难程度没那么高；如果我连游戏都懒得打，那就说明只是小问题。

创业几年之后，我越来越不需要通过打游戏来转移注意力，但偶尔也会手痒把老游戏重新下载下来。如果有创业者特别焦虑，我会向他们强烈推荐打游戏。

外部社交网络是更有力的支撑。

《大连接》一书中有一个数据，社交比贫富对一个人的影响更大，总是感觉孤独的人，在2~4年内，朋友将减少8%。

我有两个外部社交网络作为支撑。

一个是业余足球俱乐部。我每周都会雷打不动踢1~2场球，通过这种方式保持足够的体能。我的球友们在一起已经踢了好几年，彼此非常熟识，除了球场上，平时的社交活动甚至业务上，我们也都能产生交集。激烈的运动项目和熟悉的队友，也能让我从工作瘾中跳脱出来，重新积累工作所需要的能量。

另一个是创业者社群。我们的办公社区里有很多创业者，就一起建了个群。其中两位创业者成为我最为投契的朋友。我们各在自己的名字中取了一个字，作为三人群的群名，群里总是充满了抱团取暖的氛围。

比如某天下午，其中一人在群里问"喝咖啡吗"，看到这句话其他两个人就知道，他肯定是心情不舒畅，或者遇到了什么难题，想要找人聊聊，就都会放下手头的工作，赶过去。虽然不见得一定能解决问题，但可以帮他适当转移注意力，提供情感支撑。我们的这个小群日常保持着极高的活跃度，平时也会在里面同步各种行业消息。

总之，管理者必须找到适合自己的纾解压力的方式，给自己留出舔舐伤口的时间，方能在巨大的压力之下，持续前行。

36

公司声誉，也是老板的声誉

有句名言："声誉是人的第二生命。"对于公司来说，声誉也是立业之本。

大企业抗风险能力强，哪怕有声誉危机，也能靠整体实力渡过危机。相较之下，更为脆弱的小微企业，可能一场声誉危机就会把它置于死地。即使不死也要脱层皮，生意可能一落千丈，再难翻身。

曾经有家小微企业，在网络社区上被员工疯狂吐槽，归纳起来有这么几点：

- PUA（精神操控）员工：员工表示，管理层有过下面这些表达："信不信我开除你""压榨员工的领导都是好领导，你们要感激、珍惜"等等。
- 超长工作时间：员工反馈，晚上11点下班很常见，还得一周工作 6 天。"老板非常崇尚通宵文化，谁通宵了会被口头表扬"。
- 喜欢延长试用期，且薪资低、离职率高：有人称自己在的 5 个月内有五六十人离职。
- 管理混乱：入职后不知道工作流程，合伙人换了又换，等等。

如果一个求职者在招聘网站看到这家公司的招聘启事，有心求职，看到上述信息，他还愿意去吗？如此一来，这家公司还能招到优秀人才吗？

这家公司原来的产品和服务特别受一些群体的欢迎，举办的一些活动看上去也很有活力，社会知名度也不错。后来我还特地找来这家公司的产品看了看，发现似乎已经大不如前了。可以想见，这家公司就是内部管理没有充分获得员工的信任和尊重，员工不但利益受损，而且受了气、伤了心，进而发展到集体跑到网络社群发帖吐槽。这对公司的声誉，绝对是严重的伤害。

要建立公司美誉度，就得防范各种风险。对公司声誉最容易造成伤害的风险包括：
- 管理风险。如上所述的劳资争议等情形。尤其影响公司声誉的，还包括公司的内讧、裙带关系、性骚扰等。
- 产品风险。产品质量有重大缺陷，甚至酿成了严重事故，光赔偿金就有可能给公司带来灭顶之灾。产品的抄袭剽窃等也非常影响声誉。

- 政策风险。如公司遭到行政部门封禁、处罚等。
- 法律风险。如企业或企业重要人士因为商业贿赂或其他违法违纪行为，被司法机关处理。
- 外部风险。消费者或客户的投诉等，上下游企业的连带声誉影响。

对于小微企业来说，老板一定是公司声誉的第一责任人。从创业之日起，老板跟公司的声誉就紧密相连，荣辱与共。所以，老板不仅需要建立公司品牌，持续不断地维护品牌，让公司美誉度不断上升，而且要时刻警惕，认真梳理公司声誉风险，尤其要注意薄弱环节，防止公司声誉出现重大问题。

老板还尤其要意识到，有时候公司声誉的败坏，往往是自身所致，直接源于老板的道德水准，间接源于老板的价值观。这些方面包括：

- 老板自身行为不检点。常见的是滥用在公司的权力，存在性骚扰或酿出性丑闻，其余的如违反公序良俗等。
- 老板信誉有亏。如背信弃义、拒不履行社会责任等。
- 老板目光短浅。我亲眼见证过的一个案例，某些大互联网公司在互相开展公关战时，总有些与这些大公司存在特定合作的企业，因利益捆绑太深成了牺牲品。这些小企业轻则声誉扫地，重则老板或员工遭遇牢狱之灾。
- 老板急功近利，不择手段，导致商业伦理上出现丑闻，比如罔顾商业文明，开展商业贿赂、收受回扣，大搞权钱交易、权色交易等。

建品牌需要付出卓绝的努力，但毁品牌也就是一夕之间。"百年累之，一朝毁之。"还是那句话，公司如人，声誉坏了，就彻底坏了。

37

保护好家庭

创业创到妻离子散,这不是耸人听闻,而是常见的现象。

创业似乎跟家庭生活不太兼容。道理很简单,创业就像个贪婪的时间吞噬机器,会疯狂地侵占创业者的时间和精力。历史上的徽商外出经商之前,父母都要给他们完婚,新婚不久,商人就远走他乡,十多年甚至二三十年不回,回来后,可能连孙子都已经娶上媳妇了。

这些商人之所以不回来,主要是行商艰难,交通不便。现在当然不存在交通不便的情况,但创业后,"丧偶式"婚姻并不少见。周末出去度个假,没时间;孩子开个家长会,没时间;一起看个电影,没时间;甚至连一起吃顿饭、出去散个步,都变得很奢侈。有些更极端的,回到家另一半已经睡了,早上醒来另一半已经上班去了,连看见对方的机会都很少。有些创业者甚至连自己的孩子上几年级都不知道,更不用说在哪个班、班主任是谁了。还有些创业者,公司所在地跟家庭相隔数百甚至上千公里,要兼顾家庭更是难上加难。

创业维艰,也容易导致负面情绪累加,回家后难免心态不佳,甚至"一点就着",使得家庭氛围紧张,也会影响家庭关系。

有些创业成功的创业者则容易"红杏出墙",创业不成功,家庭更是难逃伤痕累累,有些夫妻就因为遭遇困境吵散了。还有些创业者,为了不拖累家庭,甚至不得不通过离婚来做风险隔离。

在很多风险投资条款中,创始人都需要背负对赌责任和回购责任,一旦创业失败,就相当于给脆弱的家庭压上一座大山。现在一些风险投资机构要求越来越苛刻,离婚都不好使了。我认识的一个创业者,投资方不仅让他本人签署了对赌协议和回购协议,还让他的妻子连带签署,否则不予投资。这也就意味着,如果公司做败了,夫妻两人都是偿债责任人,谁也跑不了。"我只剩下华山一条道了——只能胜不能败,要是败了,后果不敢想象。"他说。

所以,创业者需要保护家庭。事业的成功能创造幸福,家庭的成功则能创造更大的幸福。事业是大海,家庭就是港湾。如果为了事业而损失了家庭,得不偿失。

中国人的传统观念中,喜欢把家庭当成失意受伤之后的疗愈之所,身心俱疲时休憩的港湾,仿佛家庭就是个无须滋养可以无限索求的地方。其实大谬不然,家庭也是个小组织、小生态,也需要培育。不浇水，不给阳光，家庭之树也会渐渐失色甚至枯萎。

创业者即使再忙，也需要适当兼顾创业和家庭生活之间的平衡。怎么才能兼顾家庭呢？下面一些做法供大家参考。

首先，放权。创业早期工作繁忙可以理解，但经营一段时间之后，创业者如果仍然需要事事亲力亲为，大概率是放权不够。如果做到了精心培养骨干，充分授权，充分放权，创业者不可能得不到时间和精力上的"解放"。所以，一个小微企业创业者，创业多年依然没时间着家，要么是因为他没有培养出得力干将，要么是他的生意模式太差了，导致必须事事亲力亲为。还有一种可能，就是得了"工作成瘾综合征"，也就是工作狂。当你的另一半发出"天问"："你到底是更爱你的工作，还是更爱我？"可能就代表你的症状已经不轻了。

其次，做好时间管理。时间像海绵，挤挤总是有的。创业者肯定忙，但不可能一点时间也挤不出来。挤出来的时间，需要用到刀刃上，比如结婚纪念日、重要的节假日、孩子家长会等。关键节点抓好了，家庭成员也能理解你平时的忙碌，家庭的整体氛围也不会受到太大影响。有些创业者平时不烧香，临时也不抱佛脚，家庭关系可想而知。

再次，在一些计划中可以把家庭成员囊括进去。我在创业早期，每逢团建，都尽量带着家人一起参加，后来为了避嫌才不这么做了。我的一个朋友，也经营着一家小微企业，他的爱好是打高尔夫球，后来专门给妻子买了一套高尔夫球杆，"以后出去打高尔夫,都把妻子带上一起打"。而且,他还一直主动承担着为孩子做早餐的任务,工作应酬再多,每月也留出一个晚上早早回家,跟孩子做深度谈话。他的家庭一直都很和睦。

最后,尽量不要夫妻一起创业。有统计数据显示,夫妻创业,最后反目成仇的比例高达1/3。其实这不难理解,夫妻既是生活伙伴又是工作伙伴,常常会导致生活和工作重心不分、伴侣和同事角色不分。经营企业又是一件难度很大的事情,负面情绪很容易在夫妻间反刍般互相激荡,一旦进入恶性循环,不离婚都难。

反之,如果把企业经营管理的一些经验,运用到家庭生活中,往往能大大获益。

如果你在团队沟通实践中,真正掌握了如何保持"空杯心态",如何在沟通中"入耳入脑入心",可能就不会在家庭生活中当个"行走的聋子",被另一半埋怨:"我说的话你听见没有?""总被你当空气!"而会更知道怎么跟家庭成员有效沟通。

如果你领悟到没人喜欢被比较,就会避免拿自家孩子跟别的孩子进行比较:"你姐姐从小就比你懂事!""那个小朋友能做到,你为什么做不到?!"反而会不断挖掘和发现孩子身上的长处,看到他们的成长和闪光点。同时,你也会逐步"放权",给孩子空间,鼓励他们自己去经历风雨。

如果知道新世代的年轻人都讨厌"爹味",不喜欢被居高临下地指点,你就会把姿态放得跟年轻人一样平,更多地站在他们的角度去思考问题,尽量在年龄代沟上建构起一座沟通顺畅的桥梁。

如果你真正理解了知行合一、以身作则、保持一致性的重要性，就不会在家庭成员面前心口不一、蛮不讲理，这样家里也会多一个真诚、值得信赖的成员。

如果你知道创业的风险点在哪里，怎么做才不会以身犯险，那你也一定知道危害家庭和谐的风险点在哪里，知道什么才是"知止而后有定"。

好的创业不应该成为家庭的敌人，更不应该让家人被你的创业"绑架"。创业者应该做好风险隔离，不要让家庭变成创业的"赌注和筹码"甚至是牺牲品。创业者是能做到事业和家庭双双受益、相得益彰的，关键看你把家庭放在了什么位置上。

后　记

微信创始人张小龙的微博签名是："我所说的，都是错的。"他解释说："任何东西一旦说出来，变成一个教条，它就已经错了。一定是你自己理解到的才是你自己的。"

我越想越觉得张小龙这句话说得很妙。一本书写完，就相当于拍了一张定格照，只能代表我此时此刻的想法，但世界并没有因此停下脚步，就像泰戈尔说的那样："万物急遽地前奔，它们不停留也不回顾，任何力量都不能挽住它们，它们急遽地前奔。"从表达出来那一刻起，世界就已经变了。尤其是关于理念、方法的表达，很快就会滞后于现实的实践。

经营管理没有绝对的真理，没有谁敢说自己总结出来的是铁律，既准确又放之四海而皆准，我们总是需要因地制宜、因时制宜和因人制宜，根据特定的情境和人群使用不同的方法。

所以，我写这本书的目的，不是为了提供指导和方法论，如果能够引发读者的一些思考带来一些启发，我就很满足了。你看过之后，可能会在某些点上，思路和做法跟我的不一样甚至完全相反，但依然卓有成效。这种情况一定存在，公司的经营管理，既没有唯一答案，也没有最佳答案，都是每个公司结合自身的情况，寻找最优解的过程。

我知道的一家公司，跟绝大多数谈管理的书中说的一样，把"开放"和"协作"视为企业成功的重要元素。但实际情况是，这家公司严格控制信息，且在某种程度上阻断协作。该公司不允许有部门工作群，也不太允许跨部门建工作群，甚至还不怎么开会。同时，管理上也倾向于"对内的人不对外"，处理内部事务的人，应尽量避免对外交流，哪怕是跟朋友之间的交流；"对外的人不对内"，处理外部事务的人，也会对他们做一些信息隔离，避免他们过多了解公司内部情况。这些完全跟主流管理理念背道而驰的管理方式，非但没有影响这家公司的发展，反而，这家公司还用很短的时间就实现了上市，接着又在几年内创造了市值奇迹。

秦国的强大源于商鞅变法，商鞅在说服秦国国君和贵族时，说过这么一句话："治世不一道，便国不法古。"意思是，治理国家没有一成不变的办法，只要有利于国家就不一定非要仿效旧法度。这跟治理公司何其相似，天下没有完全一样的树叶，也不可能有一模一样的公司，所以，没有哪家公司的经营方式跟别的公司一模一样。如果看到别人成功了,就去照搬照抄,大概率也会失败。因为这不是"抄作业"就能抄得会的,就像国画大师齐白石说的:"学我者生,似我者死。"学习他的人可能会成功,但一味模仿的只有死路一条。可行的出路,还在于基于自己公司的特性,学习和借鉴其他公司的成功经验,再形成自己独特的经营管理风格。

这么说,不是为了否定公司经营管理上的一些普遍规律,否则,管理学就没必要存在了。但管理的方法和手段,绝不能生搬硬套,机械的"拿来主义"很可能会导致邯郸学步,而邯郸学步的结果只能是匍匐而归。

每个公司的管理者都应该形成自己专有的治理风格,可能没有任何一种管理方法是永远正确的,但这不代表你不应该去琢磨。因为,你掌握的管理方法和原则越多,运用得越娴熟,就越有利于你把公司治理好。重要的是,所有人,不论是你自己,还是你的团队成员,或是合作伙伴,乃至整个社会,都会因为你的管理能力的提升而变得更好。

学好了管理,也不见得就能解决所有问题。产品是否有竞争力,社会环境是否适合公司发展,这些也都会影响公司的成长。

学习管理既不那么难,也没那么容易,正如芒格所说:"我不认为存在一种简单的方法能把财务状况处理得越来越好……如果你保持专注,每天早起,持续学习,并且愿意在你的一生中主动延迟满足,你会成功的。可能没有你想象的那么成功,但你会成功的。"这是一个长期修炼的过程，不是一朝一夕就能达成，你可能要踩很多坑，摔很多次跤，说很多次"为什么这么难"，甚至觉得自己被困在原地，只有不断在痛苦中反思，才可能会有一点点进步。

尤其像我们做小微企业的，有时候总会感叹："就做这么点儿大的事儿，为什么还弄不好？"其实道理很简单，麻雀虽小，五脏俱全，再小的公司也是公司，再小的团队也需要管理。不是公司小就不需要治理，也不是团队小就可以放之任之。有些团队虽然小，但团队的成员个个学历都很高，经验也很丰富，背景也很多元，你觉得管理起来会简单吗？

遗憾的是，似乎"企业家"只跟大企业有关，只听说过有"小微企业主"，没听说过有"小微企业家"。对此我也觉得很无奈，很明显，"大"才是评判是否"成家"的唯一标准。我希望小微企业经营者也能不断地总结经验，成长出"小微企业家"。

著名投资人苏世民说："学习可以培养管理者，也可以培养领导者，但学习不能培养企业家。"这正应了中国那句古话，"纸上得来终觉浅，绝知此事要躬行"，行是知之始，知是行之成，边干边学边思考，不断积累经验和教训，不断举一反三，才会实现进化。

所以，我一直记得同事对我说的那句发人深省的话："经常把管理方法挂在嘴边的人，肯定不知道怎么管理。"

在进化的过程中，我们也需要同道中人互相砥砺、切磋共勉。如果你是小微企业主,或者对小微组织的管理感兴趣,可以添加我的微信"xiaoweikeji0712",让我们一起互相学习,切磋琢磨。

参考书目

1. 斯蒂芬·罗宾斯，蒂莫西·贾奇：《组织行为学》，北京：中国人民大学出版社，2016。
2. 斯蒂芬·罗宾斯，玛丽·库尔特：《管理学》，北京：中国人民大学出版社，2017。
3. 彼得·德鲁克：《卓有成效的管理者》，北京：机械工业出版社，2017。
4. 彼得·德鲁克：《创新与企业家精神》，北京：机械工业出版社，2015。
5. 彼得·德鲁克：《管理的实践》，北京：机械工业出版社，2012。
6. 贾森·弗里德，戴维·海涅迈尔·汉森：《重来：更为简单有效的商业思维》，北京：中信出版社，2018。
7. 柳井正：《经营者养成笔记》，北京：机械工业出版社，2019。
8. 拉姆·查兰，斯蒂芬·德罗特，詹姆斯·诺埃尔：《领导梯队：全面打造领导力驱动型公司》，北京：机械工业出版社，2011。
9. 里德·霍夫曼，本·卡斯诺查，克里斯·叶：《联盟：互联网时代的人才变革》，北京：中信出版社，2015。
10. W.钱·金，勒妮·莫博涅：《蓝海战略》（扩展版），北京：商务印书馆，2016。
11. 安迪·格鲁夫：《给经理人的第一课》，北京：中信出版社，2007。
12. 本·霍洛维茨：《创业维艰》，北京：中信出版社，2015。
13. 周航：《重新理解创业》，北京：中信出版社，2018。
14. 艾德·卡特姆，埃米·华莱士：《创新公司：皮克斯的启示》，北京：中信出版社，2015。
15. 吉姆·罗杰斯：《危机时代》，长沙：湖南文艺出版社，2021。
16. 尼古拉斯·克里斯坦基斯，詹姆斯·富勒：《大连接：社会网络是如何形成的以及对人类现实行为的影响》，北京：中国人民大学出版社，2013。